JN289651

国際公共政策叢書 20

# 国連政策

河辺一郎

日本経済評論社

国連政策／目次

# プロローグ——国連機構図をめぐって

国連とは何か。

一般には改めてこのような問いが発せられることはない。百科事典や教科書の類も国際連合（以下特に必要がない限り「国連」）について明快に解説している。もちろん、あえて問い直すという意味でこのような問いが示されることもあるだろう。例えば、事典や教科書はもっともらしく解説しているが現実はそのように単純ではないなどとして根本的な問いが発せられることは、珍しくない。また、ある事態に国連が十分な対応ができなかったと認識される場合などに、国連とはそもそも何なのかと問い直されることも多い。しかしここでは、そのような特殊な問題のたて方をしたいのではない。まさに事典類に記載されている基本的な事実関係を問うているのである。国連とは何か。

国連に関しては数多くの本が出版されてきた。研究書、学生向けの教科書、一般向けの概説書、関係者の回想など、内容も多岐にわたる。著者により著述の方向性も異なるだろう。しかし基本的な事項に関して大きく食い違うことは希であり、国連とは何かという単純な問いに答えることは難しいことではないように思われる。それどころか、改めてこのような問いを発すること自体が奇異に感じられるかもしれない。ところがこの問いに答えるのは実は容易なことではない。

国連に関する本はしばしば国連の機構図を掲載している。国際関係に関する書物全般、年鑑類、百科事典なども、資料として機構図を付していることが多い。その代表的な例として『外交青書』の機構図を示した（図1）。国連には多くの機関があり、また機関の新設および改廃があるため、機構図により細部が異なったり、また図のデザインが異なっているかもしれない。詳細な図もあれば概略図もあるだろうが、一般にはこの外交青書の図に準じたもの、すなわち国連総会を中心に置き、その周辺に安全保障理事会（以下特に必要がない限り「安保理」）、経済社会理事会、信託統治理事会、国際司法裁判所そして事務局の五つが並べられている図を多く見かける。[1] 筆者も、講演や大学の講義において参考資料として同様の図を配布したことがある。

## 変えられた国連機構図

ところが、長らく国連職員を務めた明石康は次のように語っている。

「私が広報担当の国連事務次長を務めていた頃のことである。事務局として国連の機構図を作り、これを印刷して配布した。その図の中心には国連総会があり、その周辺に安全保障理事会（以下、特に必要がない限り安保理と記す）、経済社会理事会、信託統治理事会、国際司法裁判所、そして国連事務局をめぐらせた。さっそくこれに抗議してきたのがイギリスとフランス両国の代表だった。

彼らは安保理を国連機構図の中心にすべきだと言ってきた。国連内部で検討した結果、総会と安保理を並列的に表記するという、はなはだ国連的な解決をすることになった」[2]。

確かに国連事務局が現在作成している機構図は、「総会と安保理を並列的に表記」している(図2)[3]。『外交青書』をはじめとする政府の公式資料、百科事典、大学などで教科書として採用されている本の多くが掲載する機構図は国連では公式には使われていないものであり、明石の言に従えば、英仏などが否認し、国連事務局が採用しようとしながら採用し得なかった図だということになる。

事典や年鑑類は紙数に限りがあり、その記述も要を得て簡略でありしかも正確であることが求められる。そのような本が機構図を掲載していることは、機構図が国連を理解する上で欠かせない基本的な資料であると認識されていることを示している。ところがその機構図がこのような状態であるのならば、事典類の記述は信頼がおけなくなる。先に「事典類に記載されている基本的な事実関係」と述べたが、これでは何が「基本的な事実関係」なのかも曖昧であることになる。

国連の基本法である国連憲章がたびたび改訂されたために、それに応じて機構図も改訂が繰り返された結果、このような事態が生じているわけでもない。国連憲章は、一九四五年六月に署名されて以来、二〇〇四年六月まで、安保理と経済社会理事会の議席を増加させた以外は改訂されていない。国連の主要機関の基本的な構成とその間の関係はいっさい変化していないのである。明石の記述で問題となっている、総会と安保理の関係という国連の中でも最も基本的な問題も、規定上は創

# 図1　国連機構図

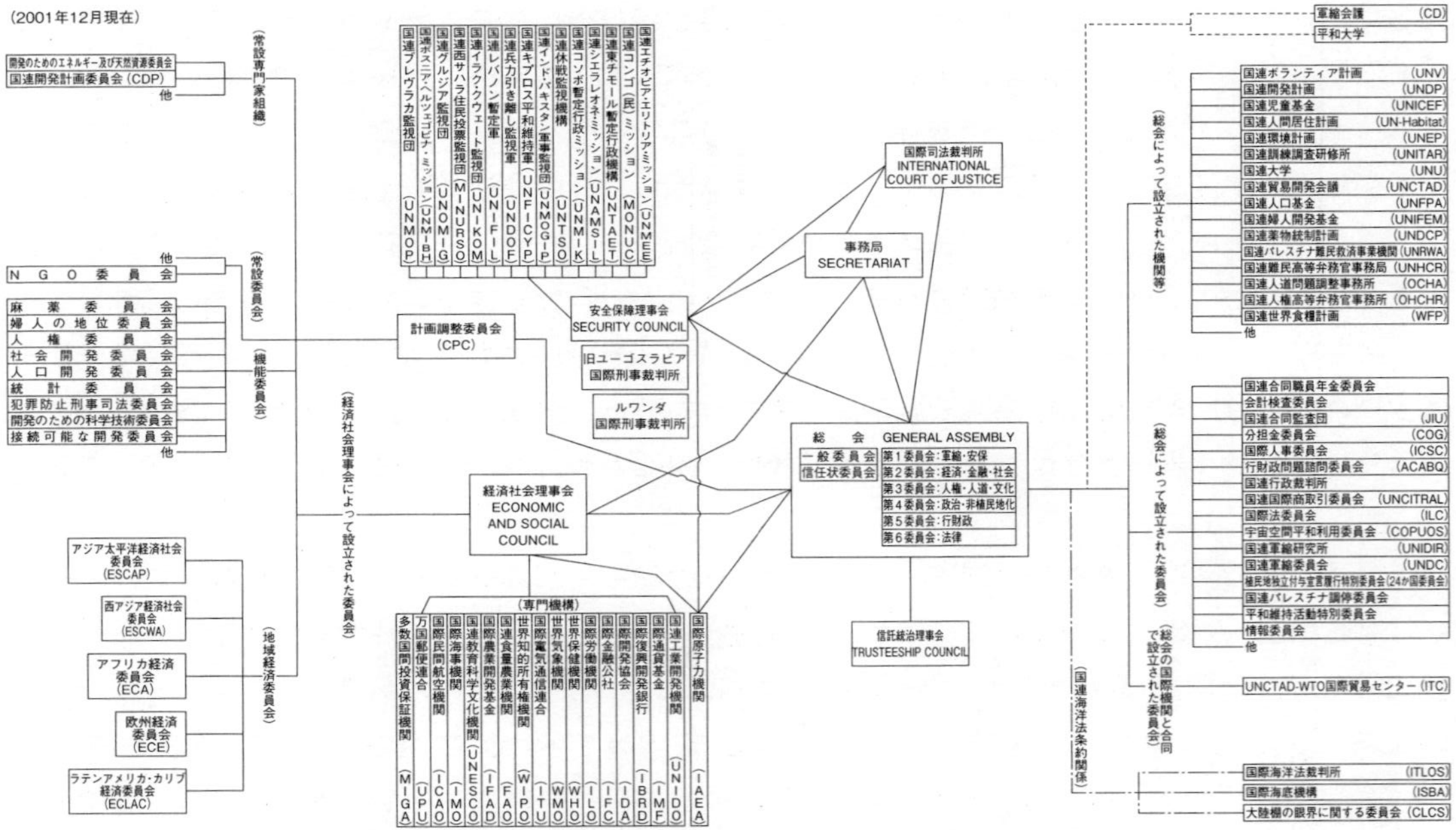


出典：『外交青書　平成14年版』318-319頁（2003年発行の平成15年版および2004年発行の平成16年版では未掲載）。

## 図2　国際連合機構図

国連の主要機関

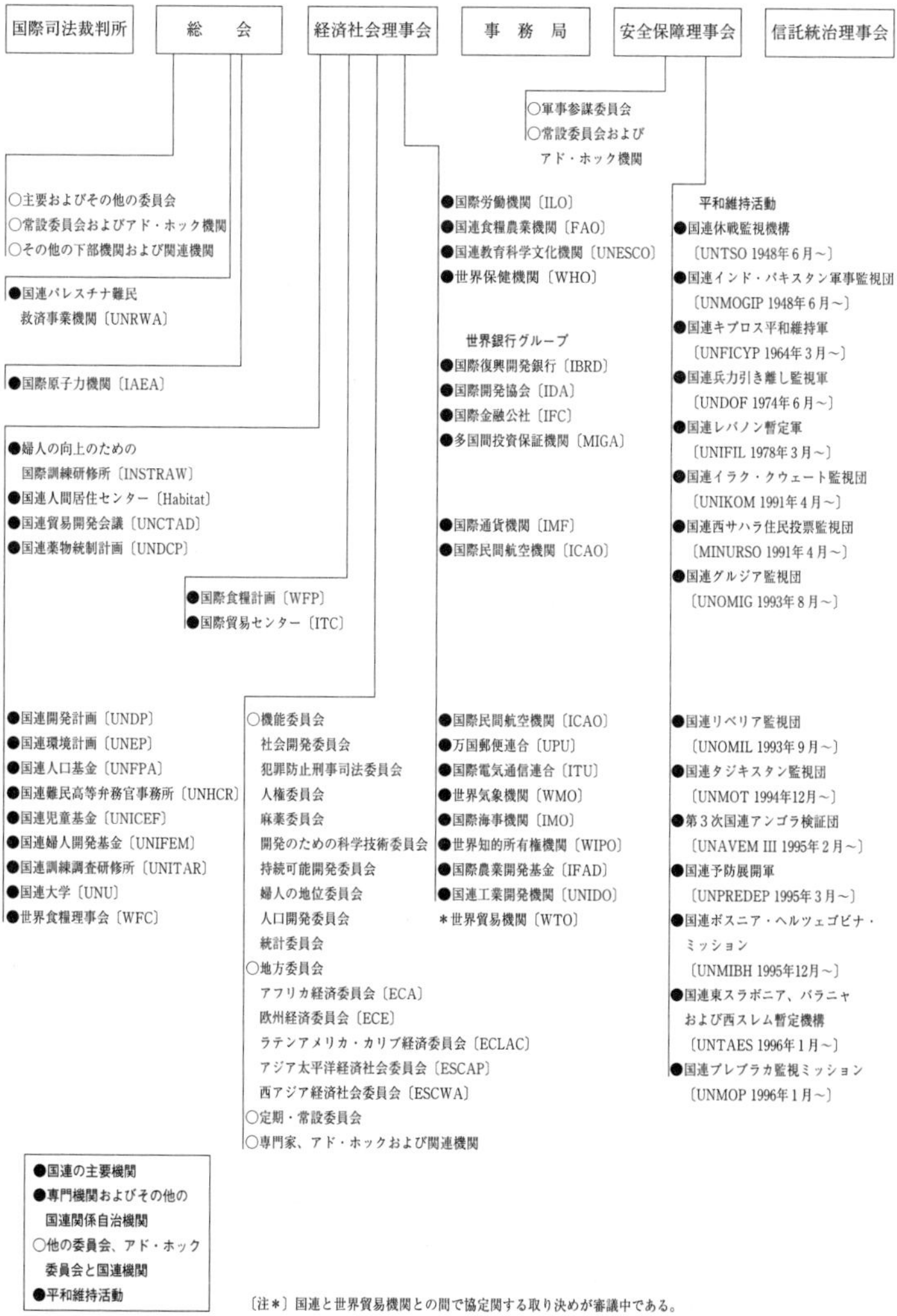


〔注＊〕国連と世界貿易機関との間で協定関する取り決めが審議中である。

設以来変わっていない。当然にその法的な位置づけについて大きく意見が対立することはないはずである。例えば日本政治に関して、立法、行政、司法の法律上の関係は議論されないように。

### 実態と規定との間の乖離

実態は規定とは異なるという意見もあるだろう。日本の国内政治に関しても、「国会は、国権の最高機関」とする憲法の規定が形骸化しており、特に行政の優位が甚だしいとされたり、司法の独立性が損なわれていると主張されることが少なくない。時には行政当局が、法の規定よりも実態を優先して行政上の手続きを図化することもある。例えば官報のホームページには「法律案提出から公布までの流れ」と題したこのような図が掲載されている（図3）[4]。法案を閣議から国会に提出されるものとしてのみ示し、つまり議員立法を無視した上で、国権の最高機関たる国会よりも天皇の裁可を一段高く掲げたこの図は、行政から見た法律と国会の位置づけを示したものとして興味深い。また、このような図が公開され続けていることにはさらに関心を引かれる。「実態を優先して」と書いたが、これはむしろイデオロギーを優先して描かれた図と言うべきかもしれない。しかしそれにしても、実態と規定が異なるということで問題となるのは実態と規定の間の乖離であり、法文上の規定に基づいて作られるはずの機構図のあり方ではない。

また創設後間もない時期には、各機関の位置づけについて議論が起こることもあるだろう。しかし二〇〇五年には国連は創設六〇周年を迎える。もはや成熟した機関と言わなければならない。ま

図3　法律案提出から公布までの流れ

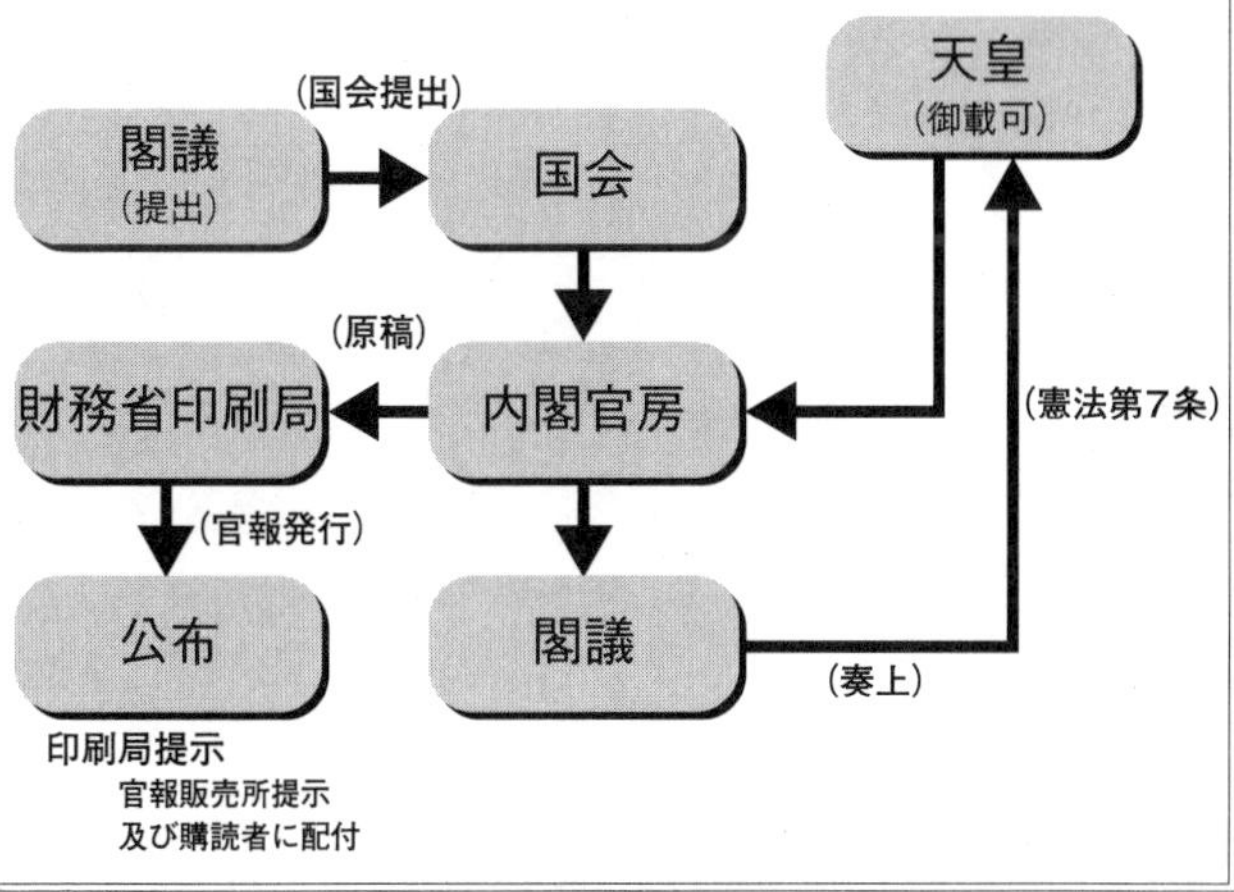


た〇六年には日本が国連に加盟して五〇年を経る。日本の中の国連に関する議論が不十分なためにこのような事態が起きているというわけでもない。明石の発言に関しても同様のことが言いうる。彼が広報担当事務次長を務めたのは一九七九年から八七年までのことで、彼の就任時点ですでに国連は三〇年以上の歴史を重ねていた。それにもかかわらず明石の証言するような議論があったとすれば、国連とは何かを簡単に語ることはできなくなる。

　ではなぜ異なる機構図が生まれたのか。実はこれは本書の主題に深く関わる問題なのだが、まず、国連事務局が発行する資料において機構図はどのように描かれてきたのかを概観しよう。なお、ここでは便宜的に、『外交青書』などが掲載している機構図を総会中心型、英仏の批判に応じて作られた機構図を並列型と呼ぶことにする。

### 変転する機構図

国連が発行する最も基本的で包括的な資料に、一年ごとの国連の活動をまとめた『国連年鑑』(*Yearbook of the United Nations*)がある。これは公式資料ではないが、基本的なレファレンス資料として広く利用されている。一九四七年に刊行されたその第一巻は機構図を掲載していたが、それは総会や安保理などの六つの機関を一つの円の中に入れただけのものだった(図4)。現在のものとはデザインは異なるが、並列型の一種と言うことができる。ただし並列型が主要機関を全く独立したものとしているのに比べるとそれらの一体性が強調されているので、一体型と呼んでおこう。

国連憲章第七条は、「主要機関として、総会、安全保障理事会、経済社会理事会、信託統治理事会、国際司法裁判所及び事務局を設ける」ことを規定した上で、第二四条で「国際連合加盟国は、国際の平和及び安全の維持に関する主要な責任を安全保障理事会に負わせるものと」するとし、第一二条で「安全保障理事会がこの憲章によって与えられた任務をいずれかの紛争または事態について遂行している間は、総会は、安全保障理事会が要請しない限り、この紛争又は事態について、いかなる勧告もしてはならない」とする。しかし同時に第一〇条では、「総会は、この憲章の範囲内にある問題若しくは事項又はこの憲章に規定する機関の権限及び任務に関する問題若しくは事項を討議し、並びに、第一二条に規定する場合を除く外、このような問題又は事項について国際連合加

図4

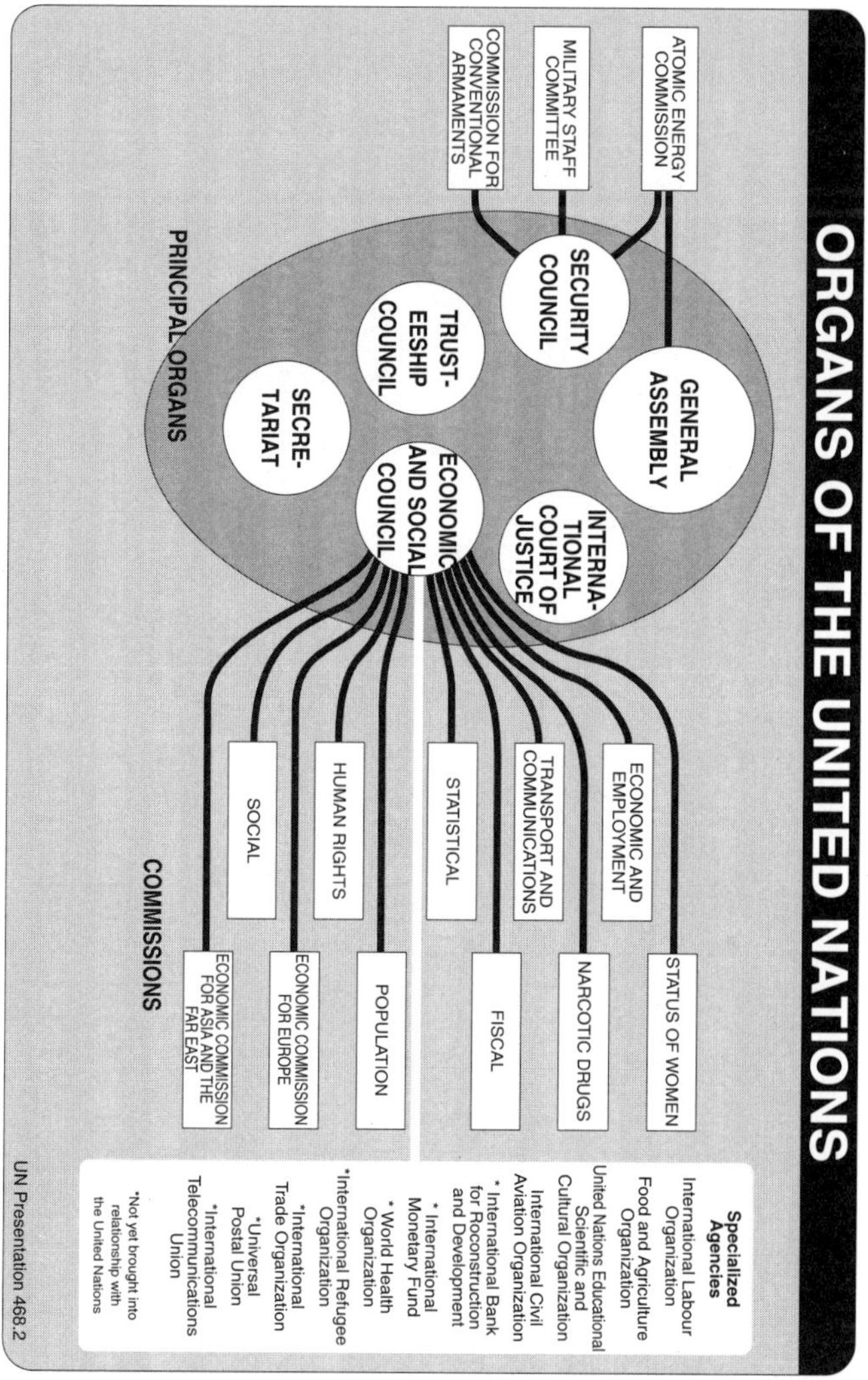
ORGANS OF THE UNITED NATIONS
ATOMIC ENERGY COMMISSION
MILITARY STAFF COMMITTEE
COMMISSION FOR CONVENTIONAL ARMAMENTS
SECURITY COUNCIL
GENERAL ASSEMBLY
TRUST-EESHIP COUNCIL
SECRE-TARIAT
ECONOMIC AND SOCIAL COUNCIL
INTERNA-TIONAL COURT OF JUSTICE
PRINCIPAL ORGANS
ECONOMIC AND EMPLOYMENT
TRANSPORT AND COMMUNICATIONS
STATISTICAL
HUMAN RIGHTS
SOCIAL
STATUS OF WOMEN
NARCOTIC DRUGS
FISCAL
POPULATION
ECONOMIC COMMISSION FOR EUROPE
ECONOMIC COMMISSION FOR ASIA AND THE FAR EAST
COMMISSIONS
Specialized Agencies
International Labour Organization
Food and Agriculture Organization
United Nations Educational Scientific and Cultural Organization
International Civil Aviation Organization
* International Bank for Roconstruction and Development
* International Monetary Fund
* World Health Organization
*International Refugee Organization
*International Trade Organization
*Universal Postal Union
*International Telecommunications Union
*Not yet brought into relationship with the United Nations
UN Presentation 468.2

盟国若しくは安全保障理事会又はこの両者に対して勧告をすることができる」と規定している。また憲章九六条は「総会又は安全保障理事会は、いかなる法律問題についても勧告的意見を与えるように国際司法裁判所に要請することができる」としている。

総会はさまざまな問題を扱う権限を持ち、安保理に勧告することができるが、安全保障問題に関しては安保理が優先し、ともに国際司法裁判所に諮問することができることになる。しかし、この二つの機関を含む六つの主要機関の相互の関係は必ずしも明確にはされていない。そして、国連創設者たちが目にした最初期の国連機構図も、相互の関係を明らかにしていなかった。

『国連年鑑』第二巻は四九年九月に発行された。国連の発足は四五年一〇月二四日で、本格的な活動は翌年から始まっている。第一回総会が開かれたのも四六年一月だった。したがって最初の年鑑が四七年に発行されたのは自然なことだった。そしてこれに倣えば、四七年の活動を盛り込む第二巻の年鑑は四八年に発行されるべきだったが、一年遅れたのである。

その第二巻が掲載した機構図は、第一巻のものとは根本的に異なっていた（図5）。三〇年以上後に英仏が抗議をしたという総会中心型だったのである。ただし、総会の周辺に配した五つの機関の隣り合ったものを線で結んでいる。この図を便宜的に五角形型と呼ぶことにするが、これでは、隣り合った機関、例えば経済社会理事会と信託統治理事会は事務局と憲章上の関係を持つが、安保理は事務局とは関係を持たないことを示しているかに見えてしまう。

機構図において各機関を結ぶ線は、機関間の規定上の関係を示すものであるはずである。例えば、

図5

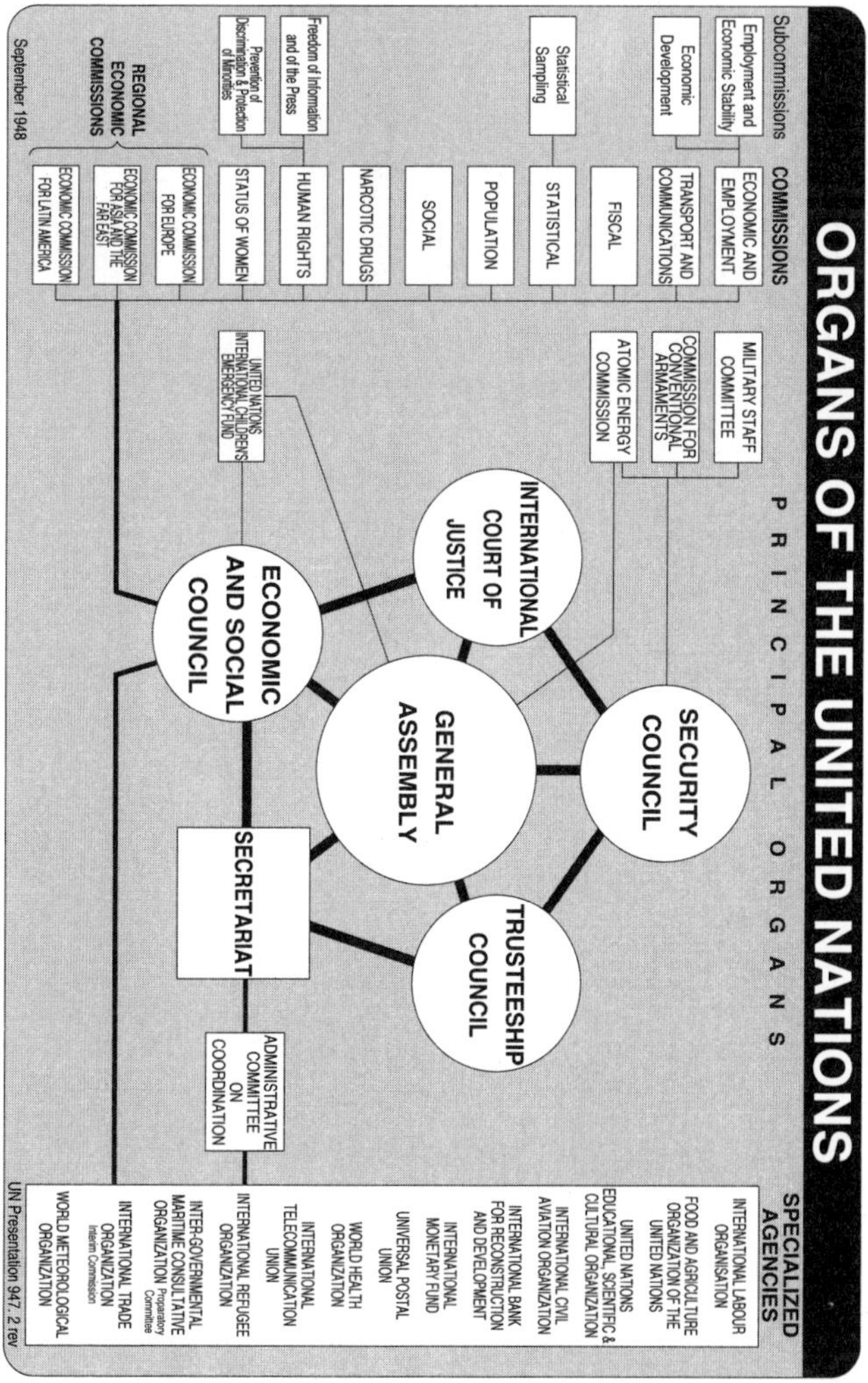
ORGANS OF THE UNITED NATIONS
PRINCIPAL ORGANS
SECURITY COUNCIL
GENERAL ASSEMBLY
TRUSTEESHIP COUNCIL
INTERNATIONAL COURT OF JUSTICE
ECONOMIC AND SOCIAL COUNCIL
SECRETARIAT
ADMINISTRATIVE COMMITTEE ON COORDINATION
MILITARY STAFF COMMITTEE
COMMISSION FOR CONVENTIONAL ARMAMENTS
ATOMIC ENERGY COMMISSION
UNITED NATIONS INTERNATIONAL CHILDREN'S EMERGENCY FUND
Subcommissions
Employment and Economic Stability
Economic Development
Statistical Sampling
Freedom of Information and of the Press
Prevention of Discrimination & Protection of Minorities
COMMISSIONS
ECONOMIC AND EMPLOYMENT
TRANSPORT AND COMMUNICATIONS
FISCAL
STATISTICAL
POPULATION
SOCIAL
NARCOTIC DRUGS
HUMAN RIGHTS
STATUS OF WOMEN
REGIONAL ECONOMIC COMMISSIONS
ECONOMIC COMMISSION FOR EUROPE
ECONOMIC COMMISSION FOR ASIA AND THE FAR EAST
ECONOMIC COMMISSION FOR LATIN AMERICA
SPECIALIZED AGENCIES
INTERNATIONAL LABOUR ORGANISATION
FOOD AND AGRICULTURE ORGANIZATION OF THE UNITED NATIONS
UNITED NATIONS EDUCATIONAL, SCIENTIFIC & CULTURAL ORGANIZATION
INTERNATIONAL CIVIL AVIATION ORGANIZATION
INTERNATIONAL BANK FOR RECONSTRUCTION AND DEVELOPMENT
INTERNATIONAL MONETARY FUND
UNIVERSAL POSTAL UNION
WORLD HEALTH ORGANIZATION
INTERNATIONAL TELECOMMUNICATION UNION
INTERNATIONAL REFUGEE ORGANIZATION
INTER-GOVERNMENTAL MARITIME CONSULTATIVE ORGANIZATION Preparatory Committee
INTERNATIONAL TRADE ORGANIZATION Interim Commission
WORLD METEOROLOGICAL ORGANIZATION
September 1948
UN Presentation 947. 2 rev

憲章第一五条は、「総会は、安全保障理事会から年次報告及び特別報告を受け、これを審議する」と定めている。機構図が描かれる場合には、このような関係を示すために総会と安保理が線で結ばれることになる。安保理と事務局に関して言えば、憲章は安保理が事務総長の任命を総会に勧告し、事務総長は安保理のすべての会議で行動し、安保理から委託される任務を遂行し、また安保理に注意を促すことができることなどを定めている。しかし五角形型にはこのような関係がいっさい示されていない。したがって周辺の機関を結んだこの五角形の線は、憲章上の各機関の関係を示すものであるとは言い難い。この線は、六つの主要機関をできる限り相互に結ぶことによって、第一巻が掲載した図における六つの主要機関を囲んだ輪に似せようとしているかにも見える。

ところが五角形型の寿命も長くはなかった。三年後の五二年一〇月に刊行された五一年版（第五巻）では周辺の五つの機関を直接に結んでいた線が消え、代わりに、総会を二重に囲み五つの機関にようやく触れているかのような円が、五つの機関の内側に引かれたのである（図6）。ただしこの円が何を示しているのかは五角形型において五つの機関を結んでいた線以上に判然とせず、法的な意味を示しているとは言えない。結界のごとくにも見え、天使の輪や仏像の輪光のようでもある。そこで便宜的にこれを輪光型と呼ぶことにする。

輪光型では、六つの機関を結んでいた線のうち、総会と安保理を結ぶ線のみが破線となり、総会と国際司法裁判所を結ぶ線が白抜きになった。これらの意味も判然としない。憲章が規定する安全保障に関する安保理の優位を表現したのだろうか。また国際司法裁判所は独自の規定と事務局を持

図6

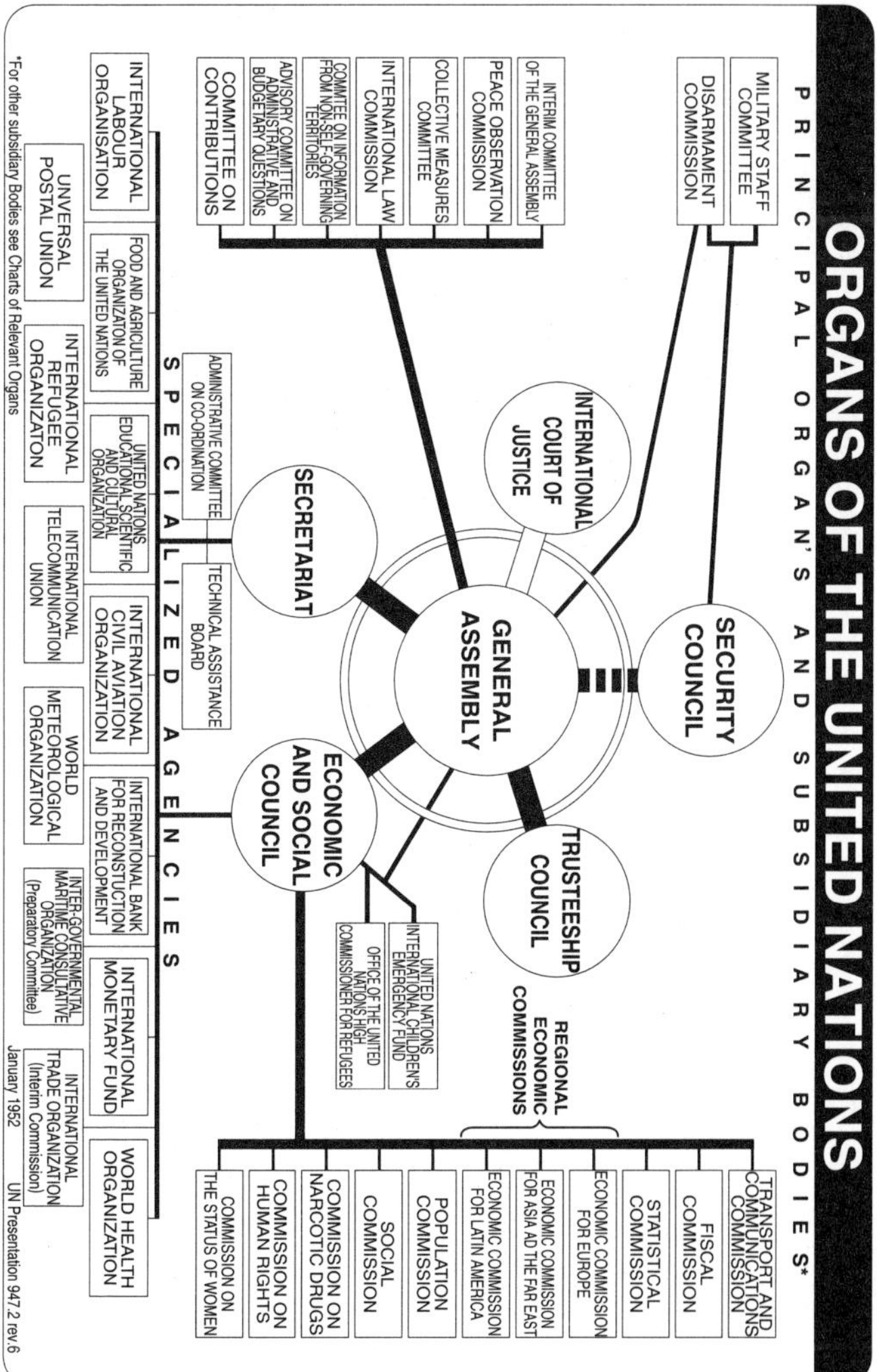
ORGANS OF THE UNITED NATIONS
PRINCIPAL ORGAN'S AND SUBSIDIARY BODIES*
MILITARY STAFF COMMITTEE
DISARMAMENT COMMISSION
SECURITY COUNCIL
INTERNATIONAL COURT OF JUSTICE
GENERAL ASSEMBLY
TRUSTEESHIP COUNCIL
SECRETARIAT
ECONOMIC AND SOCIAL COUNCIL
INTERIM COMMITTEE OF THE GENERAL ASSEMBLY
PEACE OBSERVATION COMMISSION
COLLECTIVE MEASURES COMMITTEE
INTERNATIONAL LAW COMMISSION
COMMITEE ON INFORMATION FROM NON-SELF-GOVERNING TERRITORIES
ADVISORY COMMITTEE ON ADMINISTRATIVE AND BUDGETARY QUESTIONS
COMMITTEE ON CONTRIBUTIONS
ADMINISTRATIVE COMMITTEE ON CO-ORDINATION
TECHNICAL ASSISTANCE BOARD
UNITED NATIONS INTERNATIONAL CHILDREN'S EMERGENCY FUND
OFFICE OF THE UNITED NATIONS HIGH COMMISSIONER FOR REFUGEES
REGIONAL ECONOMIC COMMISSIONS
TRANSPORT AND COMMUNICATIONS COMMISSION
FISCAL COMMISSION
STATISTICAL COMMISSION
ECONOMIC COMMISSION FOR EUROPE
ECONOMIC COMMISSION FOR ASIA AD THE FAR EAST
ECONOMIC COMMISSION FOR LATIN AMERICA
POPULATION COMMISSION
SOCIAL COMMISSION
COMMISSION ON NARCOTIC DRUGS
COMMISSION ON HUMAN RIGHTS
COMMISSION ON THE STATUS OF WOMEN
SPECIALIZED AGENCIES
INTERNATIONAL LABOUR ORGANISATION
FOOD AND AGRICULTURE ORGANIZATON OF THE UNITED NATIONS
UNITED NATIONS EDUCATIONAL SCIENTIFIC AND CULTURAL ORGANIZATION
INTERNATIONAL CIVIL AVIATION ORGANIZATION
INTERNATIONAL BANK FOR RECONSTRUCTION AND DEVELOPMENT
INTERNATIONAL MONETARY FUND
WORLD HEALTH ORGANIZATION
UNIVERSAL POSTAL UNION
INTERNATIONAL REFUGEE ORGANIZATON
INTERNATIONAL TELECOMMUNICATION UNION
WORLD METEOROLOGICAL ORGANIZATION
INTER-GOVERNMENTAL MARITIME CONSULTATIVE ORGANIZATION (Preparatory Committee)
INTERNATIONAL TRADE ORGANIZATION (Interim Commission)
*For other subsidiary Bodies see Charts of Relevant Organs
January 1952
UN Presentation 947.2 rev.6

ち、本部もオランダのハーグにある。このことが機構図に描かれたということなのだろうか。

機構図がその機関の仕組みを分かりやすくかつ正確に図示する、または少なくともそれを目指すものであるとするならば、五角形型や輪光型を機構図の範疇に入れることには問題がある。これらは、分かりやすくも正確でもないからである。またこれらの図が国連官僚が主導して描かれたものだとすれば重大な問題になる。各国の代表が合意して決めた法に従うべき官僚が、自らその法を歪めようとしたことになるのだから。

しかしこれらの機構図が、並列型と受け取れるような細工を施しつつも、総会中心型に移行させるという政治的な目的のために作られたのであるのならば、また異なる評価を下せるかもしれない。例えば、法的には一体型が適切なのだが、それを総会中心型に移行させようとする政治的意志が働いたとすればどうだろうか。一体型において六つの主要機関を囲んでいた線を、総会以外の五つの機関を結ぶ線にデザインし直して五角形型にし、さらに五角形型を踏まえて総会中心の意味をより強調するようにしたのが輪光型だったとすれば、それぞれの説明が付けやすくなる。五角形型と輪光型は、総会を中心とし、そこから特に安保理を切り離そうとするための政治的な思惑が推進される過程を示しており、法的なものというよりも政治的な思惑が優先されたものだったとすれば、この短期間の変貌も理解できる。輪光型が描いた意味不明の円は、この図が法的なものというよりも政治的なものであるということをよりはっきりと示していたと言えるかもしれない。ここでは結論をつけないが、五角形型と輪光型が分かりやすくも正確でもないことは、再度強調しておきたい。

図7

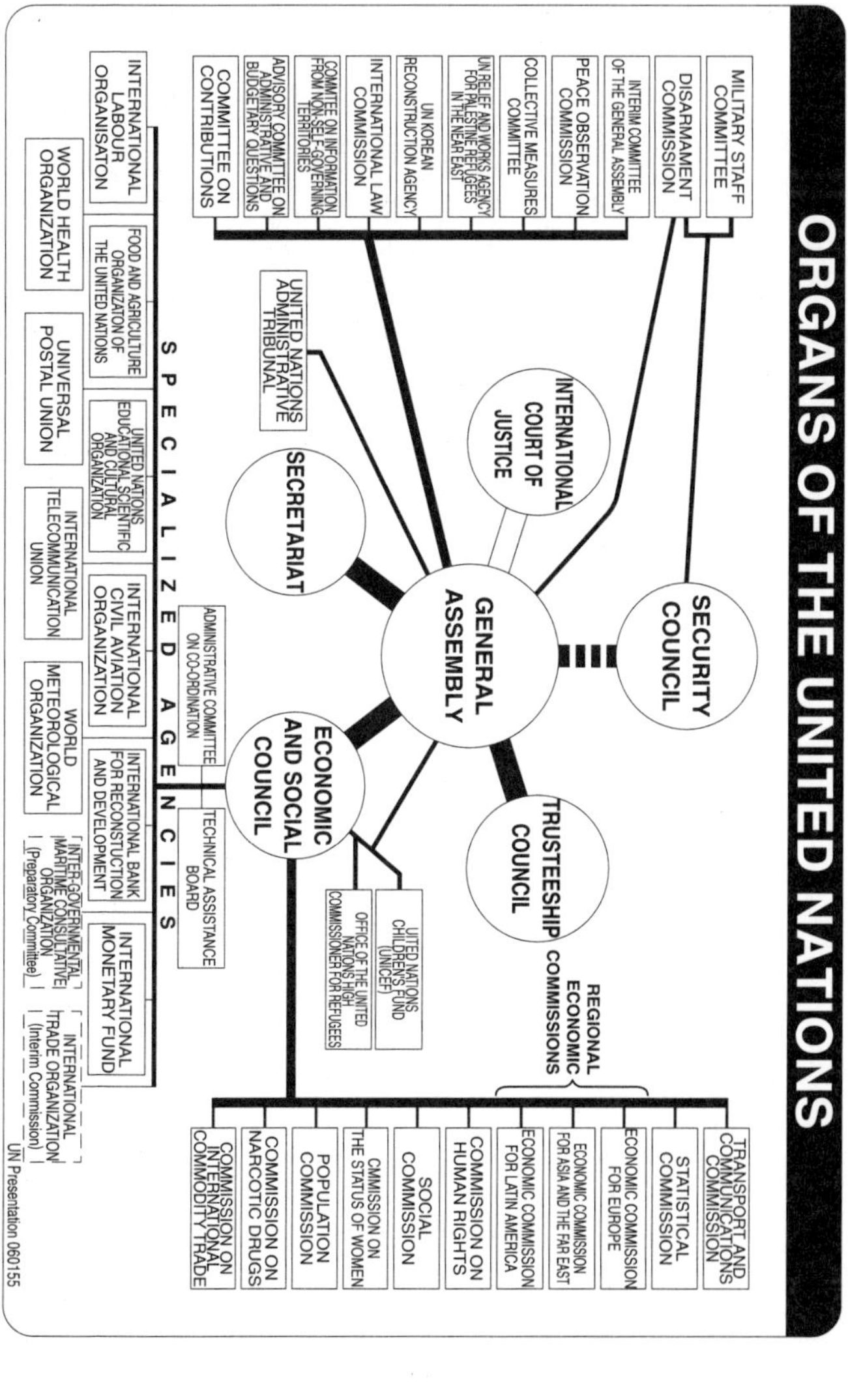
ORGANS OF THE UNITED NATIONS
GENERAL ASSEMBLY
SECURITY COUNCIL
TRUSTEESHIP COUNCIL
ECONOMIC AND SOCIAL COUNCIL
SECRETARIAT
INTERNATIONAL COURT OF JUSTICE
MILITARY STAFF COMMITTEE
DISARMAMENT COMMISSION
INTERIM COMMITTEE OF THE GENERAL ASSEMBLY
PEACE OBSERVATION COMMISSION
COLLECTIVE MEASURES COMMITTEE
UN RELIEF AND WORKS AGENCY FOR PALESTINE REFUGEES IN THE NEAR EAST
UN KOREAN RECONSTRUCTION AGENCY
INTERNATIONAL LAW COMMISSION
COMMITTEE ON INFORMATION FROM NON-SELF-GOVERNING TERRITORIES
ADVISORY COMMITTEE ON ADMINISTRATIVE AND BUDGETARY QUESTIONS
COMMITTEE ON CONTRIBUTIONS
UNITED NATIONS ADMINISTRATIVE TRIBUNAL
ADMINISTRATIVE COMMITTEE ON CO-ORDINATION
TECHNICAL ASSISTANCE BOARD
UNITED NATIONS CHILDREN'S FUND (UNICEF)
OFFICE OF THE UNITED NATIONS HIGH COMMISSIONER FOR REFUGEES
REGIONAL ECONOMIC COMMISSIONS
TRANSPORT AND COMMUNICATIONS COMMISSION
STATISTICAL COMMISSION
ECONOMIC COMMISSION FOR EUROPE
ECONOMIC COMMISSION FOR ASIA AND THE FAR EAST
ECONOMIC COMMISSION FOR LATIN AMERICA
COMMISSION ON HUMAN RIGHTS
SOCIAL COMMISSION
CMMISSION ON THE STATUS OF WOMEN
POPULATION COMMISSION
COMMISSION ON NARCOTIC DRUGS
COMMISSION ON INTERNATIONAL COMMODITY TRADE
SPECIALIZED AGENCIES
INTERNATIONAL LABOUR ORGANISATON
FOOD AND AGRICULTURE ORGANIZATON OF THE UNITED NATIONS
UNITED NATIONS EDUCATIONAL SCIENTIFIC AND CULTURAL ORGANIZATION
INTERNATIONAL CIVIL AVIATION ORGANIZATION
INTERNATIONAL BANK FOR RECONSTRUCTION AND DEVELOPMENT
INTERNATIONAL MONETARY FUND
WORLD HEALTH ORGANIZATION
UNIVERSAL POSTAL UNION
INTERNATIONAL TELECOMMUNICATION UNION
WORLD METEOROLOGICAL ORGANIZATION
INTER-GOVERNMENTAL MARITIME CONSULTATIVE ORGANIZATION (Preparatory Committee)
INTERNATIONAL TRADE ORGANIZATION (Interim Commission)
UN Presentation 060155

ところが輪光型の寿命も短かった。三年後の五五年に出された五四年版（第八巻）では円が姿を消すのである（図7）。総会と安保理を結ぶ破線などはそのまま残されたが、基本的には一般に目にすることが多い総会中心型となった。総会中心型は、第二巻が出されるべきだった四八年から数えれば、七年の歳月をかけて登場したものだった。

## 機構図の消滅と復活

その後、新たな機関の創設などに伴う変更は行われたが、総会を中心とする基本的な部分に変わりはなく、総会中心型が確立したかに思われた。ところが、六六年に刊行された六四年版（第一八巻）を最後にして総会中心型は姿を消した。『国連年鑑』第一号が発刊されてから二〇年が過ぎた翌六七年に刊行された六五年版（第一九巻）では機構図そのものが掲載されなかったのである。その後も年鑑が機構図を掲載することはないまま、二一世紀を迎えた。

国連広報局は、各年ごとの活動をまとめた大部の年鑑とは別に、さまざまな広報用資料を作成しているが、これらはその後も総会中心型の機構図の掲載を続けた。例えば *United Nations: What It Is, What It Does, How It Works* という名称の小冊子は、六八年一〇月に発行された版では機構図を掲載していなかったが、七一年四月に発行された版では総会中心型を掲載している。

より充実した包括的な解説書も作られている。四八年に出された *Everyman's United Nations* がそれで、六八年に出された第八版では六〇〇ページを超える内容になった。七九年に出された第

九版では *Everyone's United Nations* と名称を変え、八六年まで発行された。一方、簡易な資料として *Basic Facts About the United Nations* が四七年から発行されていたが、その後はページ数を増し、*Everyone's United Nations* に代わる、広報局が作成する資料の中心的な存在になった。この本も機構図を掲載することがあり、例えば、明石が広報担当事務次長に就任する二年前の七七年に発行された *Basic Facts* は総会を中心にした機構図を掲載していた。七〇年代後半にも事務局は総会中心型機構図を作成していたのである。明石の記述では、明石の広報担当事務次長就任後に事務局が独自に機構図を作ったかのようにも読めるが、正確にはすでに作られていたものを踏襲したと言うべきだろう。しかし、八〇年代から *Basic Facts* は機構図を掲載しなくなる。

九八年に発行された *Basic Facts* で機構図が復活した。ただし、それは二〇年前に掲載していた総会中心型ではなかった。一体型、五角形型、輪光型でもなく、明石の言うように並列型だった。しかもそこでは、一体型が持っていた主要機関間の何らかの関係すら示されなくなった。なお、日本の国連広報センターが *Basic Facts* を翻訳し、『国際連合の基礎知識』として出版しているが、これは八〇年代に入っても七七年の *Basic Facts* が掲載していた総会中心型のデザインに倣った機構図を掲載していた。ただしこれは日本の国連広報センター独自の試みだったようである。この『国際連合の基礎知識』は九四年に出された改訂第三版まで同様の図を収めていたが、九七年に出された改訂第四版から、先に示したように並列型の図を収録している。ちなみに、『外交青書』はこの間も前掲の図1に準じた総会中心型機構図を掲載していたが、二〇〇三年版より掲載していない。

明石が英仏から受けた苦情、つまり安保理と総会の間の関係からこの間の経緯をまとめると、次のようになる。国連が創設された際には両者の間に上下の関係があるとは必ずしも認識されていなかった。しかし遅くとも四九年から総会を国連の中心的な機関であるように位置づけ、安保理に対して優位な地位にあるように示す試みが始まった。この動きは、法的な正確さを期すためのものと言うよりは政治的な思惑を秘めているように思われ、いささか強引な様子を見せながらその後も推進された。同時に、総会と安保理の間に距離が置かれるようにもなった。

ところが、六〇年代半ばからは関係を示すこと自体が躊躇されるようになり、その一〇年余りのちの八〇年頃には、総会の優位に対して西側常任理事国より批判が起きるようになった。事務局も、両者の関係を図化することを避けるようになる。総会の優位は、創設直後から二〇年間続いて確立されたかに思われたにもかかわらず、捨てられてしまったことになる。さらに九〇年代からは両者の間に上下関係が存在しないようにすることが一般化する。総会と安保理は、国連創設直後のわずかな間だけ試みられて捨てられたはずだった並列的関係に、逆戻りしてしまったのである。

機構図の描きかえは、国連の仕組みや機関間の位置づけが変わることを意味するが、前述のようにそのような国連憲章の改訂はなされておらず、法律上は安保理と総会の間の関係は変化していない。それにもかかわらず機構図が再三書き換えられてきた。ちなみに、年鑑から機構図が姿を消す六〇年代半ばは、初めて憲章が改訂された時期にあたる。総会は、六三年一二月に、安保理や経済社会理事会の議席数を増加させることを決議していたが、この改訂が発効したのは六五年八月で、実際に議席数が増加したのは六六年からだった。これは機関相互の関係を変える改訂ではないが、それにしても、憲章の改訂をしないままに書き換えられてきた年鑑の機構図は、改訂の直後から掲載されなくなるという奇妙な事態となった。

## 変化する機構図の問題点

この背景については以下の各章で考察するが、いずれにせよ、国連の根幹をなす主要機関の間の関係とその位置づけは変えられてきた。ただし、変わったという一言で終わらせることもできない。

第一に、そして最も本質的な問題として、一般に国連は国連憲章を基本文書とする法的に整備された機関と認識されていることである。国連が法的な存在であることは、国連を主に研究してきたのが国際法学だったことを見るまでもなく、改めて言うまでもないことかもしれない。百科事典や現代用語辞典においても、国連に関する項目は国際法学者が執筆を担当することが多い(5)。しかし、もし法的な変更を経ずにも基本的な機関の間の位置づけが変わりうるのであるのならば、国連を法的に整備された機関と見なすことはできなくなる。

しかも、日本で出版されている国際法の立場からの研究書を含む多くの書籍類は、特に説明を加えることなく、今も総会中心型機構図を掲載している。事務局が採用しえない機構図を日本の研究者が法的な立場から支持するというきわめて奇妙な事態になる。また、日本で出版されている書籍の多くが機構図を掲載しているのに比べると諸外国で出版されているものは一般に掲載しているものが多くはないが（見方を変えれば、日本の研究者は機構図の掲載に熱心であり、しかもそのことに疑問を感じていないことになる）、それでも総会中心型を掲載しているものを見ることができる。(6)

これは単なる学問的な問題にとどまらない。国連憲章はさまざまな条約において法的根拠として示されており、現代国際法の根幹をなす文書なのである。そればかりか、現代の国際関係の基本認識を体系化した文書としての側面も持つ。それは民族自決や内政不干渉が主張される際の根拠として引用されるだけではない。米国が二〇〇一年にアフガニスタンを爆撃する際にも援用され、また日本の国際貢献論議においてもさまざまに利用されてきた。特に日本の場合は、日米安保条約からイラク特措法に至るまでの対外的な軍事的行動の法的根拠は、一貫して国連におかれている。二〇〇一年に小泉政権が成立して以来、集団的自衛権に関する議論が公然化しているが、その根拠となっているのも国連憲章にほかならない。日本においては、国連は改憲を求める根拠にもなりうると認識され、かつ現実の政治においてもそのように機能しているのである。(7)

第二に、機構図の変遷過程に不透明な点が多いことである。『国連年鑑』第二巻の発行の遅れ、五角形型において総会以外の機関を結んだ線の意味の不明瞭さ、さらに不明さを増した輪光型の円、そのような過程を経て確立した総会中心型が消えたこと、その後の並列型の登場など、いずれも不透明である。そして、そのような変遷がこれまで全くと言ってよいほど議論されていないことが問題を複雑にする。このことは、事典類を含む多くの書籍が特にことわりのないままに機構図を掲載し続けていることに、象徴的にあらわれている。法的な変更を経ないのみならず、十分な議論も認識もないままに位置づけが変化してきたことを、安直に追認することはできない。

第三に、現在は消えてしまった総会中心型機構図が、七〇年代後半まで約三〇年にわたって使われてきたものであり、しかも今も公式文書に掲載している国があり、国連においてすら使われることがあることである。(8) かつて総会中心型が掲げられていた三〇年間を、位置づけが変わったという一言で消し去ることはできないばかりか、国連を総会中心の機関と見なす、またはそうであるべきだと考える政治的な勢力が国連の内にも存在していることになる。並列型が復活したことを考えると、再び総会中心型に回帰する可能性を否定することもできない。

## 政治論議の意味

しばしば、国連は政治的な駆け引きの場であり、理想論だけでは通用しないなどと言われることがある。最近も、例えば元国連大使の波多野敬雄が、「国連とは平和を守る機関として神棚にあげて崇め奉るような、清廉な存在ではなく、むしろ正反対、現在ならば、一九一の加盟国が自国の国益を守るために、そして国益を推進させるために手練手管を要する、非常に泥臭い国際機関です。国益尊重のためには、カネを使った裏工作や、他国の足を引っ張るようなことも現実には行われるのが日常です」と述べている。(9) 波多野は湾岸戦争当時の国連大使であり、その後の歴代内閣において、政治家と外務官僚の間で唯一対立が表面化した問題ということもできる日本の常任理事国化を積極的に主張している。まさに政治的な動きの中にあった人物であるばかりか、この発言は、米英国が安保理を無視してイラク爆撃を行い、日本がそれを支持した中でなされている。この爆撃に対しては国際的に非難が集まり、特に英国では政権の危機を招き、スペインでは政権交替に至った。

例えば、政治家が衆議院の解散は何月何日頃だろうなどと発言することがある。政治学者なども同様の発言を行うことがあるが、両者は全く異なる意味を持つ。前者は、多くの場合、客観的な推測ではない。暗に首相に解散を迫ったり、または解散しようとする首相を牽制したり、与党または野党の反応を探るなどの意味を持つ、まさに政治的な発言である。一方政治学者や評論家などは、そのような政治家の動向やさまざまな政治課題の日程を見ながら、ありうる解散日を推測しているはずである（中には特定の政治家の立場に立って希望的な推測をする者もいないわけではないが）。

先のような発言をこの二つの型に分ければ、政治的な人物が、政治的な状況で、政治的な問題に対して行った典型的な政治的発言と言える。要するに、世論の批判に対して日本の行動を弁解していると言わざるをえない。しかも、その政治的な発言がさらに国連の政治性を強調している。それならば、なおさら単純な法律上の規定のみではなく、総会を中心におく（またはその方が望ましいと考える）主張があるという政治実態を無視できなくなる。もちろん、総会中心型を作り上げた政治的意図にも、また並列型を復活させた政治的意図にも同様のことが当てはまる。

なお、もし国連が法的に整備された機関ではないと言いうるのであるのならば、安保条約からイラク特措法、さらには集団的自衛権に関する一連の政治的な動きの法的根拠は著しく弱まることになる。日本政府の政治的な立場に立てばそのようなことは断じて認められないはずだが、外務省担当者が国連の政治性を強調することが少なくない。論理的には矛盾を来しているが、このような主張が繰り返されてきたことは、国連は汚い機関だと言うことが自らの主張に有利に働くと政府担当者に認識されてきたことになる。このことは日本における国連に関する議論が未熟な状況が続いていることを物語っている。

いずれにせよ、法的にも、政治的にも、一方の機構図を唯一のものと断定することには問題がある。国連は、今なお二つの機構図の間で揺れ動いているのである。機構図を描くことは手続き的な行為であるはずでありながら、国連においてはきわめて政治的な問題であると言うこともできる。少なくとも、国連機構図を作ることを純粋に法的な客観的作業とのみ位置づけることはできない。ただし、特にことわることなく一方の機構図を掲載している書籍類が何らかの政治的意志を表明しているとは断定できない。もちろん、このような問題を十分自覚した上で、自らの意思を表明するためにあえて掲載している場合もあるだろう。しかし、そのような問題があることすら認識しておらず、単に先行の書籍に倣ったにすぎない場合もありうる。

## 不十分な日本の国連論議

さて、九〇年以降、日本では国連が対外政策のキーワードとして使われてきた。九二年に成立したPKO協力法においても、冷戦のためにやむをえないとの理由づけから作られた安保条約が冷戦の終焉後の九六年に再定義される際にも、その安保条約規定をも乗り越えて自衛隊が米軍の後方支援をすることを可能にしたテロ特措法においても、米英が国連安保理を無視してイラクを爆撃した後の復興のために自衛隊を派遣するために作られたイラク特措法においても、その法的な根拠としてまたは正当化の理由づけとして利用されてきたのは国連だった。これらは軍事行動という国の究極の行動に関わり、しかも交戦権を否定した憲法下において疑義が唱えられてきた問題である。そのような問題を推進する上で国連が利用されたことは、日本政治にとって国連が憲法を乗り越えることができる、つまり法治国家の根幹を揺るがせるほどの意味を持っていることになる。

これは日本にのみ限ったことではない。九九年にNATO軍がセルビアを爆撃した際には、事実上安保理が無視されたにもかかわらず、それまでの安保理の決議が爆撃の根拠とされた。二〇〇三年に米英がイラクを爆撃した際にも米英などはすでに採択されていた安保理決議を根拠の一つとし、特に日本は「国際連合安全保障理事会決議第六七八号、第六八七号及び第一四四一号並びにこれらに関連する同理事会決議に基づき国際連合加盟国によりイラクに対して行われた武力行使並びにこれに引き続く事態」を「イラク特別事態」と呼んだ(10)。その一方で、特に後者は安保理を無視したとして批判もされている。ある国に対する軍事行動という国際関係においてはまさに究極の出来事を、正当化する際にもまた逆に批判する際にも威力を発揮するのが、国連なのである。

ところが、機構図一つを見ても、その国連がどのような機関なのかも判然としていない。国内的にも国際的にも究極の問題を推進する上で利用されている機関がこのような状態にあること自体が驚くべきことと言わざるをえない。さらに言えば、機構図を描くことすら難しい点に、究極の問題を推進する上で驚くべき威力を発揮するこの機関の政治的特徴があることになる。国連とは何か。これは決して「事典類に記載されている基本的な事実関係」に関する単純な問いではないのである。

また特に九〇年以降、国連改革がさまざまな形で問題になっている。しかしこのような政治的特徴を持つ国連を改革することは、それ自体がきわめて政治的な問題である。特に、国連を理由に掲げてさまざまな軍事的措置を推進してきた日本が国連改革を主張することは、決して「国連が一層の役割を果たしていくことが必要」(11)などという単純な言葉で説明できるものではない。そもそもこれまで国連がどのような機関だったのかということ自体が曖昧であるのに、それをどのように改革しようと言うのか、議論以前の問題と言わざるをえない。さらに奇妙なことに、これらのことは、特に日本においては問題にすらなっていない。

この混乱にさらに輪をかけるのが、日本が国連において何をしてきたのかが、日本においてはほとんど問われていないことである。八〇年代初めに次のような指摘がなされた。「日本における国連研究は、今日に至るまで、国際法研究者にまかされている」。「国際法分野の研究が多いのであるから当然ではあるが、どのような国連機能をとりあげても、制度論的視点からのものであることが多い。国際政治学や実務経験者による著作をあわせ読むと、この視点からこぼれ落ちる国際組織としての研究課題は多そうである」(12)。しかしこれから二〇年以上が経過した時点でもこの状況に大きな変化はない。特に日本の国連政策に関してはこの指摘がより以上に当てはまる。この結果、「カネを使った裏工作」などの言葉がそのまま日本にも当てはまるだろうことを十分には自覚せずに、政策当事者がそのような発言をすることが可能になる。

では、国連とは何か。まず、国連が作られる意味をまとめることから検討を始めたい。

注

（1）例えば、現在の日本で広く利用されている概説書の一つであり、九二年に発行されて以来頻繁に改訂されている横田洋三編著『新版　国際機構論』（国際書院、二〇〇一年）や、『現代用語の基礎知識』、『IMIDAS』、『知恵蔵』と三種類発行されている現代用語事典の二〇〇四年版はいずれも総会中心型の図を掲載している。

（2）明石康『体験的国際平和論』日本放送協会、一九九八年、五四頁。

（3）国連広報局『国際連合の基礎知識　改訂第五版』世界の動き社、一九九九年。

（4）http://kanpou.npb.go.jp/html/about_kanpou.html 二〇〇四年五月一日現在。

（5）例えば、平凡社の世界大百科では「国際連合」の項目は香西茂・大阪学院大学教授が、また現代用語辞典類の二〇〇四年版においては、位田隆一・京都大学教授（『現代用語の基礎知識』）、横田洋三・中央大学法学部教授（『IMIDAS』）、最上敏樹・国際基督教大学教授（『知恵蔵』）と、いずれも国際法の分野の研究者が執筆している。

（6）例えば、W. Andy Knight, *A Changing United Nations-Mulilateral Evolution and the Quest for Global Governance*, Palgrave, 2000, p. 64. なお、この本には米国出身のサッターリン元国連事務次長が序文を寄せている。

（7）日本外交における国連の持つ意味については、河辺『日本外交と外務省――問われなかった〝聖域〟』高文研、二〇〇二年を参照。

（8）例えば、http://www.un.org/esa/coordination/ecosoc/UNSystem.htm

（9）波多野敬雄「日本よ、『国連幻想』から目覚めてくれ」『諸君』二〇〇三年五月号、九六～九七頁。

(10)「イラクにおける人道復興支援活動及び安全確保支援活動の実施に関する特別措置法」第一条。
(11) 川口順子外相、第一五九回国会外交演説、二〇〇四年一月一九日。
(12) 緒方貞子『日本における国際組織研究』総合研究開発機構、一九八二年、三九頁。

# 第1章　国連とは何か

## 1　理念としての国際機関

### 普遍的国際機関の誕生

国際連盟を嚆矢とする普遍的国際機関は、平和のあり方というきわめて理念的な問題をその活動対象の中核に据えた。しかもそれは単に理念的であるのにとどまらず、国の主権の中核をなす交戦権に関わる最も政治的な問題だった。

一般に、一八一五年に作られたライン川航行中央委員会が史上初の国際機関とされ、その後、一般郵便連合（のち、万国郵便連合）などが後に続いたとされる。これらの機関は各国の主権の調整に関わり、主権を絶対としていたそれまでの国のあり方を変えるものだったが、これらが国際行政連合と呼ばれるように、その役割は行政面にとどまっていた。この点で国際連盟は、それ以前に誕生した国際機関とは大きく質が異なっていた。このことは、国際行政連合と呼ばれる諸機関が国際連盟の下に入ることを求められながらも政治化を拒んだことによく示されていた。

普遍的国際機関の政治性は、それまでと比較すればきわめて大胆な民主制の採用、すなわち総会の設置に特徴的にあらわれた。総会には、すべての加盟国が平等な立場で参加することができ、討議し、一票の投票権を持つこととなったが、国際的な民主制の採用は一九世紀的な外交観の大きな転換だった。普遍的国際機関は、各国の政治経済制度の違いを超えて人類が目指すべき価値に民主制を据えたことから登場したと言ってもよい。

国際連盟創設を強く主導したのはウィルソン米国大統領だった。しかしそれにもかかわらず米国は国際連盟には加盟しなかった。米国には、身分や宗教による差別から逃れるためにヨーロッパを捨て、新大陸において民主制という理念を基礎において自由を求める人々が作ったのが自国であるとする認識が強く存在している。このため米国は外交政策として、モンロー主義に代表されるヨーロッパからの孤立を掲げてきた。それがここでも発揮されたのである。もちろんモンロー主義とウィルソン主義は互いに矛盾するものではない。自由を求める人々を受け入れ、助けるという理念は、苦しむ人がいれば他国民であっても助けるべきだという結論も導き出す。これが米国の基礎を形成しているからこそ、二〇〇三年のイラク爆撃に際しても、これを正当化するための理屈の一つとして、抑圧を受けている人々を解放しなければならないなどの言葉が繰り返されたのである。その意味で、モンロー主義とウィルソン主義は米国の理念が異なる形で具体化されたものだった。国際連盟への加盟をめぐる米国内の対立は理念そのものを問い返したのではなく、その具体化のあり方をめぐるものに過ぎなかった。この点で、国際連盟創設の前年の一九一九年に、一国の利益を超える階級的利益を追及し、労働運動の国際的組織化や革命の支援を掲げて共産主義インターナショナル（コミンテルン）が結成されたことも軽視すべきではない。

## 「アメリカ」の世界化としての国連

第二次大戦後に新たに作られた国連では、国連の名による武力行使などにおいて安保理常任理事国五カ国の賛成が必要とされた。すなわち拒否権である。米国から見れば、この導入により、モンロー主義とウィルソン主義が折衷されたことになった。連盟規約においても「『モンロー』主義ノ如キ一定ノ地域ニ関スル了解ニシテ平和ノ確保ヲ目的トスルモノノ効力ニ何等ノ影響ナキモノト」されており、米国が批准するための条件整備が図られていたが、これが制度化されたのである。

国連憲章はその目的として、「国際の平和及び安全を維持すること。そのために、平和に対する脅威の防止及び除去と侵略行為その他の平和の破壊の鎮圧とのため有効な集団的措置をとること」、「人民の同権及び自決の原則の尊重に基礎をおく諸国間の友好関係を発展させること」、「経済的、社会的、文化的又は人道的性質を有する国際問題を解決することについて、並びに人種、性、言語又は宗教による差別なくすべての者のために人権及び基本的自由を尊重するように助長奨励することについて、国際協力を達成すること」、「これらの共通の目的の達成に当つて諸国の行動を調和するための中心となること」の四項目を掲げた。これらは、各国が団結（unite）してファシズムと戦いこれを打ち破ったという認識に基づく同盟と軍事力による平和観、米国的な反植民地意識、そして、それまでは米国においても必ずしも確固たるものにはなっていなかったが、ファシズムと対抗することから確立した人権意識などに基づいている。つまり、特に一九三〇年代後半から参戦する過程において形成された、米国の理念を体系化したものと言うことができる。この意味で、国連（United Nations）はまさに理念としての米国（United States）の世界化として作られた面を持つ。もちろん理念としての「アメリカ」がそのままむき出しで世界化されているわけではない。普遍的な価値としての体裁が整えられ、何よりも国際協調が掲げられることにより、現代世界の国際的規範となった。これらの国連の目的は現代世界の規範、時代精神とも呼ぶことができる。

この中でも特に中心となるのが、筆頭に掲げられた「国際の平和及び安全を維持すること（to maintain international peace and security）」であり、そのために定められたのが、「安全保障理事会は……空軍、海軍又は陸軍の行動をとることができる」とする、いわゆる国連軍の規程である。そして強制力を備えたことこそが、国際連盟とは異なる国連の最も重要な特徴となった。

国際連盟において「平和維持」のために重視されたのは軍縮だった。連盟規約は前文で「締約国ハ戦争ニ訴ヘサルノ義務ヲ受諾」するとし、第八条第一項は、「連盟国ハ平和維持ノ為ニハ其ノ軍備ヲ国ノ安全及国際義務ヲ協同動作ヲ以テスル強制ニ支障ナキ最低限度迄縮小（the maintenance of peace requires the reduction of national armaments）スルノ必要アルコトヲ承認ス」として、戦争の放棄と軍縮の必要を明記した。さらに第二項以降において「連盟理事会ハ軍備縮小（such reduction）ニ関スル案ヲ作成スヘシ」、「各国政府前記ノ案ヲ採用シタルトキハ連盟理事会ノ同意アルニ非サレハ該案所定ノ軍備ノ限度ヲ超ユルコトヲ得ス」などと、軍縮のための措置を規定した。

この背景には戦争が大きく変化した第一次大戦の教訓があった。かつての傭兵を中心とした戦争においては、軍人の犠牲は必ずしも多くはなかった。彼らは職業軍人である以上、不必要に身の危険を冒すことはない。戦争で生計を立ててこそのプロフェッショナルであり、戦争に参加することによって命を失ったり、重傷を負って生計の途をなくすことはプロのすべきことではないのだから。戦争で死ぬのはアマチュアなのである。またこのような関係においては契約によって容易に雇用主が変更された。特定の雇用関係にない者を指すフリーランスという言葉が傭兵のことを意味し、また日本においても主君と武士の関係が土地の安堵に対する一所懸命だったように。当然にこの雇用関係は、その任務の危険性とその対価が釣り合わなくなった時点で成り立たなくなる。また戦争の終わりは軍人の生計手段がたたれることをも意味する。このため意図的に戦争が長引かされることもあった。またこのような状態だからこそ比較的容易に戦争に訴えることも可能だった。

### 戦争概念の変化

しかし民族主義の興隆により、経済的な対価を与えずとも愛国心のために命を捨てる多くの市民が登場する。また産業革命により兵器の革新が進む。これにより戦争はそれまでのものとは根本的に装いを変えた。このことが大規模かつ組織的に具現化したのが第一次大戦だった。一般市民の志願や徴兵により軍隊はふくれあがり、職業軍人との境界が曖昧になった。加えて、機関銃、戦車、飛行機、毒ガスなどの大量殺戮兵器が登場し、戦闘員の戦死者は八五〇万人、負傷者は二〇〇〇万人を超えた。空襲が行われたことにより戦闘員と非戦闘員の間の区別も不明瞭になり、非戦闘員の死傷者も約一〇〇〇万人に達した。民族主義とイデオロギーを原動力とし、経済力が支えたこの戦争は、総力戦、消耗戦となり、その影響は広く社会全体に及んだ。さらに戦後は、肉体的、精神的に傷ついた人々がヨーロッパ社会にあふれることになった。

こうした事態はヨーロッパ人に戦争の概念を変えることを迫った。戦後、ヨーロッパにおいては平和主義が広く展開することになり、そこで形成された平和構想においては、戦争の非合法化、軍縮推進、平和主義などが強く主張されることになる。こうした中でウィルソン米国大統領の主導の下で一九二〇年に発足したのが国際連盟であり、そこで軍縮が重視されたのも当然だった。

その後も戦争放棄と軍縮推進の法典化が進められ、二三年には未発効ながら相互援助条約案が作られ、二八年には戦争放棄に関する条約、いわゆるパリ不戦条約が作られる。ブリアン仏外相とケロッグ米国務長官が中心となって推進したこの条約は、第一条で「締約国ハ、国際紛争解決ノ為戦争ニ訴フルコトヲ非トシ、且其ノ相互関係ニ於テ国家政策ノ手段トシテノ戦争ヲ放棄スルコトヲ其ノ各自ノ人民ノ名ニ於テ厳粛ニ宣言ス」とうたうに至る。二五年に署名されたヨーロッパの安全保障に関するロカルノ条約についてすでに二六年にノーベル平和賞を受賞していたブリアンに次いで、二九年にはこの不戦条約の功績からケロッグも受賞した。

## 現代の時代精神

ところが第二次世界大戦後にはこのような戦争観は一変した。軍縮を重視したにもかかわらず第二次世界大戦の勃発を防ぐことができなかった、軍縮や平和主義では戦争を防げないという考えが力を持ったことがあった。特にこの象徴となったのが、ドイツ系住民が多く住むチェコスロヴァキアのズデーテン地方の割譲をナチス・ドイツが求め、それを英仏が認めたミュンヘン会談だった。英仏がナチスに対してとった宥和政策とは、弱小国を犠牲にして侵略者と妥協しようとする危険なものであり、ここで断固たる態度をとっていれば、ナチスによるユダヤ教徒虐殺もなかったとされたのである。この結果、ナチズムや日本軍国主義のような侵略者に対しては軍事力の行使も辞さない断固たる態度をとらなければならない、宥和政策、平和主義または軍縮のような姿勢は、侵略者を利するだけであるという認識が生まれた。

このような認識の上に作られた国連では、軍備の縮小や廃絶に対する規定は大幅に後退することになった。「軍縮（disarmament）」という言葉は憲章全体で二回しか登場せず、軍備規制に関する条項を含めても軍縮に関しては、第一一条、第二六条、第四七条において総会や安保理の機能や権限に関連して脈絡なく言及されているに過ぎない。しかもいずれも副次的な扱いにとどまっている。軍縮の規定が大きく比重を軽くする一方で登場した国連軍の規定は、「国際平和の維持」をめぐる基本的な認識の変化を示していた。

この認識は現在も生きている。だからこそ、九九年のセルビア爆撃や〇三年のイラク爆撃に際して、ミロシェヴィッチ・セルビア大統領やフセイン・イラク大統領をヒトラーと呼ぶことが行われた。彼らがヒトラーであれば、対応は明確になる。ヒトラーに対しては妥協してはならず、たとえ犠牲が生じても軍事力をもって退治しなければならないという結論が当然に導かれるのである。

もちろんこの逆のことも行われる。イラク爆撃を控えた二〇〇三年三月三日にオランダのテレビに出演した米国のグロスマン政治問題次官が、爆撃反対のデモで「ブッシュこそヒトラー」だとのプラカードがあり、米国旗とともに鍵十字があった、との質問を受けたのはこの一例だった。ズデーテン地方に住んでいるドイツ人を守れと叫んで勢力を拡大したヒトラーと、平和を守れと言って爆撃に突き進むブッシュとどこが違うのか、というのである。この質問の意味は、ナチスの脅威を直接に受けた小国オランダ、つまり宥和政策の犠牲者であったはずの国から、ヒトラーというシンボルの利用についての疑問が出された点にある。なおヒトラーというシンボルは特に欧米で重要な意味を持つが、アジアにおいてはこのシンボルは日本軍国主義になる。だからこそ、日本軍国主義を打ち倒したと認識される核兵器は、日本の脅威を受けた多くの国で正当化されることになる。

このように、軍事力に基づく平和という考えは第二次世界大戦直後のみならず、基本的に現代までも続く、時代精神となっている。そしてその時代精神の実現は、超国家的な強制力を備えた国際機関に委ねられた。このような強力な機関の提案も、国連が「アメリカ」の世界化としての意味を持っていたからこそ可能になったことだった。他面から見れば、軍事力を背景にして平和を維持することを主要な任務とした国連は、常任理事国のいわば軍事同盟にほかならなかった。

同時に、第二次世界大戦の一因には世界経済の混乱があり、国際連盟が経済分野における国際協力に対して十分には配慮していなかったとの認識も生まれた。この結果、ドイツや日本の軍資国主義が人権を踏みにじったことと相まって、経済社会分野での国際協力が重視され、前述のように国連の第二番目の目的に掲げられた。この結果、安全保障理事会とともに経済社会理事会が主要機関として設置され、国連は経済社会問題に関する統合的な機関となり、かつての国際行政連合の一部が国連の専門機関として組み入れられ、経済社会理事会がその調整にあたることになった。さらに、既設の機関が十分には対応していなかった分野については新たな機関も創設されたが、新設された専門機関はかつての国際行政連合とは比較にならないほど政治性を帯びた。

米英が中心となって作られ、「戦争は人の心の中で生まれるものであるから、人の心の中に平和のとりでを築かなければならない」と、その憲章前文で抽象的な理念を、あえて言えばいささか文学的に謳いあげたUNESCOはその代表的な存在である。そもそも教育は一九世紀的な国際行政連合の視点から見れば、国際的調整の対象になるべきものではない。そのような分野に関して、理念を全面に掲げる国際機関を創設したことは、民主制の普遍性への信頼と「アメリカ」の理念の世界化に対する自信のあらわれでもあった。またこれらの理念は、やはり理念の上に作られた国であるソ連が、具体的な方向性については違いがあるものの、共有するものでもあった。

国連の創設とそれに伴う諸機関の創設および改変は、従来は各国の主権の下にあったさまざまな問題を時代精神の下で統合的に政治化する過程だった。この過程を本書では国連化と呼ぶことにする。

さて、その目的が理念的であればあるほど、その活動つまり理念の具体化をめぐる対立は激しくなる。いわゆる総論賛成各論反対の状況が生まれ、特にその機関において決定を主導する力を持たない勢力は理念を具体化する機関としての国連を批判し、問題そのものを強力な力を持つ国連から切り離そうとすることになる。これを非国連化と呼ぶことにするが、そのような状況であっても、時代精神そのものが否定されない限り、批判すべきは時代精神を実現できない国連の仕組みであり続けることになる。これに対して、決定を主導する力を持っている勢力は、自らの政策を遂行する上での手段としてのみならず、正当化のための理屈としても積極的に国連を利用することになる。国連が賛美と激しい批判の間を揺れ動くのはこのためで、国連は理念、思想であり、規範であるからこそ議論され、批判されるのである。

また国連への批判がしばしば官僚主義に向かう理由の一つもここにある。時代精神を批判することはできないがゆえに、また、特に九〇年代以降は、日米などが国連における有力な国として国連の政治決定を主導している以上、国連における決定を単純に批判できないために、問題が起きた際には官僚機構を批判せざるをえなくなるのである。

## 2　理念としての外交方針

### 外交方針の二面性

理念を掲げて作られたのは国際機関だけではない。現代世界においては、外交方針は、国民に対する国家像をめぐる正当性の提示としての意味と、対外的な国家像の提示としての意味合いがある。特に何らかの意味で民主制を採用していることが現代の国の正当性の基礎にあり、たとえ形式的にではあっても大半の国が選挙を行っている以上、外交政策には政府が国民に対して行う正当性の提示としての意味が強くなる。

例えばこれまでの日本政府は、自国を平和主義、国連中心主義、非核三原則などに基づいて他国との関係を築くことを目指す国として国民に説明し、国民もそのように自国を認識してきた。それは、侵略戦争を行った過去を踏まえて、他国に対する政府の正当性を示すための言葉でもある。この国家像は国によって当然に異なる。例えば米国は、民主制、自由、人権等の擁護などの理念を掲げ、中国は反覇権や第三世界の一員などの言葉を、インドは非同盟などの言葉を掲げてきた。

それらは、単純な「国益」ではなく、理念としての外交方針である。しばしば、国際社会の実態は剥き出しの国益、パワーの衝突であるなどと言われるが、それは理念を提示することが前提とされていることの逆説的な表明に過ぎない。つまり、各国は理念を語ることが求められ、現に自由、反核、反覇権などの言葉を口にはしているが、その実態は必ずしもそうではない、という意味である。

そして、その状況を指して、国際社会は所詮は国益を中心に動いているなどと評する際には、自国をその例外に置くことが少なくない。例えば、日本は「平和を愛する諸国民の公正と信義に信頼」すると理想を掲げるが、他の国は国益を追求しているに過ぎず、そのようなきれいごとを唱えていれば問題が解決すると思っているのは日本人だけだ、などの耳慣れた議論がそれである。しかしこのような言葉が成立しうるのは、日本政府が国民に説いてきた理念が誠実に具体化されている場合だけであり、政府が履行していないまたははじめからその意志を持っていない場合には、意味が異なる。この場合、これらの言葉は、自国民に対して説いてきた理念の実現に政府が努力してこなかったこと、またはこれから逸脱しようとすることへの言い訳に過ぎない。理念としての外交政策の提示が求められるからこそ、このような言い訳が必要となるのである。本書「プロローグ」で見た、国連は泥臭い機関という言葉も、この典型的な例に過ぎない。

したがって、政府の姿勢を問う場合、まず何よりもその政府の施策が自らが国民に対して説いてきた理念に沿っているのか否かが問題にならなければならない。もし、ある政府が口ではある理念を説きながら実際の行動はそれに反しているとすれば、その政府は国民から信頼を失い、非難され、政権を追われることになる。例えば、ヴェトナム戦争が米国で強く非難されたのは、民主制や自由を守るための戦争と政府が主張してきたにもかかわらず、その実態はそのようなものではなく、政府が国民に嘘をついて行った汚い戦争だったと認識されたためである。つまり、理念と実態が異なっていた点にこそ問題があり、そのことが検証されていったからこそ高まった批判だった。同様に、日本が核廃絶は日本の国是などと繰り返しながら実際には核軍縮問題に消極的な態度をとってきたとすれば、政府は国民を騙してきたことになり、政府は強い批判にさらされるはずである。

ただし、その国が各国との関係において十分な力を持たず、国民に示した理念を具体化しようとしてもそれがかなわない場合には、国民を騙したことにはならない。憲法の理念にもかかわらず日米安保条約を締結し、その後も維持してきたことや、核廃絶に対して十分な対応をとらなかったことに関して、冷戦のためにやむをえなかったなどの説明がなされるのはこのためであり、この場合には自国の力は実際以上に小さく説明される傾向が強くなる。

## 理念と実際の行動の検証

一方、政府の主張する理念（それは国民が認識している自国の姿でもある）とは異なる理念をその政府が実行していないことを問題にしても、それは大きな意味を持たない。例えば米国において、米国政府が核兵器の非合法化に反対していることを批判しても、その影響は小さい。米国政府は核廃絶が国是などとは表明しておらず、国民もそのように認識してはいないのだから。米国政府の行動を批判するのであるのならば、それが国連中心主義、非同盟主義、反覇権主義などの理念に沿っていないからではなく、自らが掲げている理念の沿っているか否かから問題を提起する必要がある。

もちろん、その政府の掲げる理念そのものを問い返すことに意味がないわけではない。例えば、米国政府と国民に対して、核兵器を容認する米国の基本的な理念は良くないと主張することは重要なことだろう。同様に、反覇権や非同盟を掲げない日米の政策を批判することも意味があろう。しかしそれは米国政府や日本政府が国民に説いてきた理念と実際の行動を検証した後の作業でなければならず、主張する側の政府とされる側の政府、両方に対してなされなければならない。

例えば、米国民に対して核兵器に関して問題提起をする場合には、米国政府が実際に行ってきたことが、国民に説いてきた理念に沿うものだったのか否かを検証した上で、太平洋における核実験や劣化ウラン弾の使用などはその理念に反するものだったのではないかと問題を提起するのでなければ、延々と水掛け論を繰り返すことになる可能性が高い。またそのような議論を提起するのが日本国民であるのならば、これと同時に、日本政府が本当にその理念に沿った行動をしてきたのか否かが検証されていなければならない。もし、日本政府が国民に説いてきた理念を自ら無視し、核廃絶を推進しようとする他国の努力を押しとどめるような行動を繰り返しており、そしてそれにもかかわらず、日本国民がその検証を怠ったために、自国と他の国とは比較にならないほど核廃絶に努力していると誤認しているのであるのならば、米国を批判すること自体が欺瞞に満ちたことになる。

このように、現代世界においては、露骨に自国の利益のみをその国の目指すべき目的として掲げることは、対内的にも対外的にも認められない。そしてそれぞれの理念はその国のあり方と深く結びついており、当然に各国で起きる議論のあり方はそれぞれで異なることになる。その間には必ずしも相互に互換性はない。

これらは言わずもがなである。ところが、十分な検証がなされずに次の議論に進むことが珍しくない。またある国の理念を他の国に直接適用して議論されることも少なくない。実はこの両者の姿勢は関連している。ある国が公式に掲げてきた理念を検証することが不十分だからこそ、安易に自国の理念を基準にして他の国を評価しがちになるのだから。

### 未だに少ない外交政策研究

こうした傾向は専門的な議論にも当てはまる。例えば、日本においてある政府の外交政策がその掲げる理念から検証されることは決して多くない。自国政府の政策に関してもその例外ではない。これに関しては、日本政府は九〇年以降国連中心主義を繰り返して従来は認められてこなかった措置に踏み込んできながら、日本の国連政策に関する研究が未だに少ないことを挙げるだけで十分だろう。これまで政府が国民に説いてきた理念はどのように具体化されてきたのかも検証されないままに、新たな政策が論じられてきているのが現状である。なお、日本ではそもそも自国の外交政策を検証する動き自体が少ない。このことは、九〇年代後半になされた中央省庁の行政改革において外務省と外交政策がほとんど議論されなかったことを見れば、これ以上の証明はいらない。これは外交を研究対象にする学問分野の存在に関わるきわめて根本的な問題だが、十分に認識されているとは言えないようである。

他国に関して議論する際にも同様のことを指摘しうる。例えば中国外交に関して議論する際に、中国が自ら唱えている反覇権や第三世界の一員などの理念の検証が中心に置かれることはほとんどない。議論の大部分は対米、対ソ（ロシア）、対日、対欧に割かれ、対第三世界について語られることは希である。一例を挙げれば、日本国際政治学会はその紀要においてこれまで何回か中国外交について特集を組んできたが、それは対米、対ソ、対日関係についてであり、中国の第三世界政策は検討されていない。その上で、議論が日本の立場から展開されることが少なくない。また、米国における中国論は日本とは異なる理念と論理の下で展開されていることになるが、それが無批判に日本に紹介されることすら珍しくない。そのような中でしばしば中国脅威論が語られるのが現状である。

米国における議論では中国政府は民主的ではないことが問題になるが、この批判が正しいとすれば、中国政府が国民に説いてきた理念が中国内で検証される可能性は低い。そうであるのならば、なおさら民主的であることを誇っている国において、中国の理念を検証しなければならない。中国政府が自らの説明に反して他国に対して覇権的に行動していることが確認されたのならば、中国政府の説明は信頼に能わないことになり、中国が脅威だと語られることも不自然ではなくなる。

逆にもし中国政府の説いてきた理念が検証されていないのであるのならば、中国は自ら示してきた国家像に当てはまらないから警戒されるのではなく、他の国が国民に対して説いている理念に当てはまらないから批判されることになる。このような議論をいくら展開しても、多くの中国人は理解しにくい。なお、中国においても自国の提示する理念から中国外交が論じられることはほとんどない。その一方で米国においてなされている議論がそのまま紹介される傾向も、同様に強い。

## 米国の論理

さて、このような問題はその政府がこれまで掲げてきた理念のみならず、新たに掲げようとする理念とそれをめぐる議論についても当てはまる。例えば日本においては、政府が新たな政策を推進する際の根拠として国際貢献という理念を示すことは重要な政治的意味を持つ。自国の利益のみを追求するのではなく、国際社会に貢献しなければならないと理由を付けることで、最高法規である憲法を変える議論すら導くこともできるのである。国際貢献という言葉は、政治家が利用することができるきわめて強力な政治的道具だと言える。一方、米国においては国際貢献などの議論は大きな意味を持たない。例えば二〇〇一年に誕生したブッシュ政権は、クリントン前政権が掲げていた多国間主義を激しく批判して単独主義を貫き、二〇〇三年には国連を無視してイラクを爆撃した。「国際貢献」つまり自国の利益を犠牲にしてでも国際社会の共通の利益のために貢献するという論理は、ブッシュ政権にとって目の敵とすべきものだった。

ブッシュが国民を説得する上で展開したのは、平和と民主制を守り、イラク国民を圧制から解放することなどだった。ブッシュの理屈に立てば以下のようになる。「建国の父たちは、人間の尊厳、すべての人々の権利そしてすべての人生の可能性に身を捧げた。この信念に従い、われわれは世界に赴いて虐げられている人々を助け、平和を守り、悪人のもくろみをくじくのである」。「今日、テロリズムとの戦いにおいて最大の危機にアメリカと世界は直面している。それは不法な体制が核兵器、科学兵器そして生物兵器を開発し、所有していることである」。「今宵、迫害を受けている勇敢なるイラクの人々にメッセージを送る。皆さんの国を包囲しているのは皆さんの敵ではない。皆さんの敵は皆さんの国の支配者である」。「勇敢なるアメリカ兵が危険を背負い込むが、悲しみなくして勝利は得られない(1)」。「たとえ価値あるものであっても、アメリカ人の犠牲が常に認められ、感謝されてきたわけではない」。「すべての国が学んできた、または学ばねばならない重要な教訓がある。自由は戦うに値するものであり、命をかけるに値するものであり、耐えるに値するものである(2)」。

つまり、平和、正義、人権などを脅かすならず者がいるが、米国は不正を許さず、平和を守り、虐げられている人々に救いの手を差し伸べる。そしてそのためには、ならず者と戦わなければならず、犠牲も避けられない。ところが他の国は犠牲と報復を恐れ、戦おうとしない。そうであるのならば、米国はたとえ孤立しても敢然と戦いを挑む。なぜならばそれは正義なのだから。そして正義である以上、たとえ犠牲が出てもそれに怯えはしない、と言うのである。いわゆるカウボーイ的な世界の警察官論だが、これはこれで論理的に筋が通っている。イラク爆撃は米国において当初は高い支持を得たが、それは米国民が他国の意見に耳を貸さずに自分勝手に振る舞うブッシュ政権の単独主義を支持したことを意味したわけではない。このような論理を支持したことになる。

このような論理はどの国でも支持されうるわけではない。同様にこのような主張に対する反論も国によって変化する。米国においてはイラク爆撃を批判する際には、しばしば石油のために血を流すなと主張されたが、これもブッシュ政権の先のような理屈があればこそだった。もし、ブッシュ政権が米国の経済権益のためにイラクを爆撃しなければならず、そのためにはイラク人のみならず米国兵の犠牲もやむをえないなどと言っていたならば、つまり、米国は石油のためにイラク爆撃をするとはじめから公言しており、しかもそれが国民から支持されていたのならば、石油のために血を流すなと反論しても意味を持たない。ブッシュ政権が平和、正義、人権の擁護などを掲げたからこそ、それはきれいごとで表面を繕っているに過ぎず、本音は石油ではないかとする批判が反論として成り立ちうるのである。つまり、かつて米国はナチスや日本軍国主義から世界を守るために犠牲を払ったが、これは尊い犠牲だった、しかしイラク爆撃は違う、これは石油のためではないか、ブッシュの利権のためにイラク人や米兵に犠牲を強いているのではないかと主張することが、有効になる。また、ヨーロッパにおいてブッシュこそヒトラーだとする批判が起きたのもこのためである。

## 日本の論理

一方、日本政府は米国を支持した理由として特に国際貢献を掲げていた。また奇妙にも石油の確保も有力な理由づけとなり(3)、与党政治家の中には、北朝鮮情勢が緊迫化している以上、イラク問題では米国を支持せざるをえないなどの主張すらあった(4)。正義のためだから他国が反対しても行うと断じたブッシュ政権とは異なり、日本政府はイラク問題自体の正当性よりも他国との協調と自国の利益を中心に論理を展開していた。そして与党政治家が国会外で展開した理屈では、自国の利害を強調する傾向がより強かったのである。この点に関する限り、きれいごとを語っていたのはブッシュ政権であり、利害を口にしていたのは日本政府や日本の与党政治家だった。建て前としての貢献と本音としての利益が実に露骨に示されており、その主張が各種の選挙で支持された以上、日本国民の方が米国国民に比べて自己の利益を優先したことになる。そうであるのならば、こう言わざるをえない。米国民は正義や自由などの理想を語るが、国際政治は所詮国益だ。日本を見てみろ、と。

さて、日米両国の正当化のための理屈が異なっていたのであるのならば、当然に反論も日米それぞれの政治文脈によって異ならなければならない。米国ではブッシュ政権が正義を掲げた以上、実態はどうだったのかを検証し、告発することが重要な政治課題になった。(5) これに倣えば、日本では日本政府が繰り返してきた国際貢献とは何だったのかを具体的に検証し、政府がこのような言葉を掲げながら、その一方で利益が語られ、しかも国民が支持したのはなぜなのかを問題にしなければならない。ところがこのような点を十分に踏まえた反論は多くはなかった。米国における議論は、政府の唱える理屈とそれに対する反論がそれなりに整合性を持っていたのに対して、日本では食い違ったままで推移しているのである。しかもこれは今に始まった事態ではない。国際貢献が唱えられ始めた一九九〇年以降、延々と続いている。

このように、外交または国際問題をめぐる議論のあり方は、基本的に「国際的」と言うよりも「国内的」であり、グローバルというよりもローカルである。また政府が対外的に見解を表明する場合も、国民がそれを見ていることを前提に、むしろ国内向けの意味を持つことが多い。この結果、対外的な見解でありながら、議論のあり方はその国の中でのみ理解できるものになりがちになる。場合によっては、実際の政策が国内に向けて語ってきた理念に沿っていないことをごまかし、政府を正当化するために、対外的な見解が出されることもある。こうしたことは、外交または国際問題をめぐる議論を整理する作業にも影響する。例えば米国の政治学者モーゲンソーは国益の重要性を説いたが、それは理念を優先しすぎる米国の状況に対する発言だったことに十分な注意をしなければならない。その議論の文脈を踏まえずに、異なる政治的背景を持つ国に単純に移植しては議論を誤る恐れも高い。すでに十分に利己的な日本では特に注意しなければならない。

## 国連理念の翻訳者としての政府

さて、国連が理念であり、各国が公式に示す外交政策もそのアイデンティティに関わる理念である以上、この両者は対峙することになる。ここでまず問題になるのは、国連が多様な面を持っていることである。それが理念としての「アメリカ」を世界化させた側面を持つにしても、そもそも「アメリカ」という理念自体が多様性を持つ。しかもそれを国連の理念とする過程で、体裁を整えて普遍化したために、より多様性を増している。そしてさらに事態を複雑にしているのは、以下の各章で述べるように、国連が必ずしもその理念通りには発展してこなかったことである。それは、理念を現実化する際に妥協を余儀なくされたなどというものではない。その創設者たちが、自らのアイデンティティたる外交政策を優先して、率先して変容させていった面もある。しかもそのような変容のあり方は時代により大きくその性格を変えてきた。このため、本来の時代精神としての国連と、それぞれの時代に展開される現実の国連の間には乖離が生じることになる。

同時に、国連加盟国がきわめて多様性を持つことが複雑さに拍車をかける。二〇〇四年五月現在、国連加盟国は一九一カ国に達するが、その中には一三億人の人口を抱える国も一万人の国もあり、経済力も、また文化的背景も多様である。その多様な国々がそれぞれに自らの理念を提示し、しかもそれぞれのフィルターを通して国連という時代精神を把握し、それぞれの国内における議論にこれを投影する。これに加えて、各国が現実に展開している対外的な行動と国民に説明している理念との間に程度の差こそあれ生じている矛盾に対して、説明（またはごまかし）をしなければならなくなる。そのような多様な理念の間の関係は以下のように模式化できる。

国民 ←→ 政府 ←→ ［国連（時代精神）→← 国連（現実に発展する姿）］
＝国連の対内的アダプター(6)

筆者の先行する著作をふまえ、さらに以下の各章で論じる内容を先取りして、日本を例にとってこの関係を整理すると、次のようになる。

時代精神たる国連の理念は、政府にとっては何よりも集団的自衛権の法的根拠となり日米安全保障条約を導くものとして意味を持ち、次いで米国の軍事行動への協力を国連の名により裏書きすることによって、憲法上疑義のある政策を現実化するために援用できる場合もある。国連中心主義もこの文脈で提唱された。しかし現実にはそれは非国連化されてしまい、国連は経済社会的な組織として発展をし、米国はむしろこれを疎ましく捉えるようになる。この結果、国連中心主義を掲げることは日本政府にとって諸刃の刃となる。これに対して、野党などはこの現実の国連を見て国連中心主義の履行を政府に要求する。ここに、時代精神としての国連と現実の国連の間の相克が生じる。

一方、政府の実際の外交政策は、政府が国民に説明してきた理念としての外交に沿ったものではなかった。すなわち、国民に対しては日本は核廃絶を国是としているなどと説明するが、現実にはこのために努力することは多くはなかった。そこで、説明と実態の間の矛盾をごまかすまたは言い逃れをする必要が生じる。また国連における動向のうち、政府にとって都合が良いものと悪いものを取捨選択して国民に伝えようともする。ここで、政府は、国連の理念と実態を政府にとって都合のよい形で国民に伝えるためのアダプターとして機能する。ただし、この矛盾が甚だしくなって隠しきれなくなると、現実には日本が安保理当選回数世界最多で分担金の額は第二位という国連においても有力な国であり、国連における決定に大きな影響を及ぼしていながら、「実態としての国連は、加盟国の利害がむき出しでぶつかる場所である」、「国連は、日本を決して公平に扱っていない」(7)などと、矛盾のつけを国連に転嫁する。

さらに矛盾が拡大し、国民に説明してきた平和主義などの理念を捨てることが可能になり、また国連の理念すら無視できる環境が整ったと判断される場合には、「外務省の説明（において）……時として、国民向けに、口当たりのよい、しかし必ずしも正確でない言葉が使われていることに、やや疑問を感じた。国連中心外交や人間の安全保障など、いずれも誤解や無用の期待を与える言葉であるように思われる。もっと国民を信頼して率直に訴える時期に来ているのではないだろうか」とすら言うようになる。(8) つまり、アダプターとして政府が国民をごまかしてきたことを公表しても国民は容認するというのである。ここで、政府が国民に説いてきた理念も時代精神としての国連の理念もうち捨てられることになり、日本保守主義の剥き出しのイデオロギーがある程度の国民的合意を得た状況で登場し、理念の間の相克は問題にならなくなる。具体的には、改憲が既定化し、国連の名によらないで日本政府が独自に武力行使をすることが導かれる。これは米国において「アメリカ」という理念が剥き出しで登場することと通じている。

## 国の数だけある国連政策

さて、このような二つの理念の間の二重の相克は国の数だけありうる。外交政策という理念は各国で異なり、その異なる理念が国際機関という理念を受容する、または政治的に利用する過程がこの相克なのだから。そもそも、人口、経済力、文化など全く多様な加盟国において統一した国連政策を論じることは難しいが、これに加えて国連の受容とその政治的な利用のされ方がやはり国の数だけある。しかしながらこのような視点に基づく国連論は未だなされていない。そもそも日本の国連政策に関する実証的議論すら未だに十分なされていない以上、当然のことではあるが。

本書はこのような視点に立って、特に米国の国連政策を歴史的に検討する。米国を取り上げる理由は、第一に国連の創設を主導したのが米国であり、その姿勢は国連のあり方に否応なしに影響を与えること、第二に、「米国は、民族でも文化的慣習でも領土にでもなく、わが憲法に明記されている法に基づいて建てられた国であり、その結果、法規範を確立し維持することは二世紀にわたって持続してきたアメリカの外交政策の課題[9]」であり、まさに理念としての法が問題とされること、第三に、特に九〇年代以降の米国においては国連政策が政治問題となっており、二〇〇四年の大統領選挙においても、国際主義と単独主義の間の「文明の衝突[10]」と称されることもあること、第四に、国連において巨大な影響力を持つ日本の国連政策については筆者の先行著作において論じていることに加え、それが米国との関連を中心に組み立てられているために、日本の国連政策を論じる際には米国のそれへの検討が欠かせないことなどが挙げられる。なお、国際機関における意思決定の状況やそこで合意を形成するための具体的な活動に関する研究がある程度なされているが[11]、このようなアプローチは政策そのものを問題にする傾向が低いために本書ではとらない。またこれは、命じられた方針の具体化に努めなければならない官僚にとっては重要でも、政策そのものを論じる際には意義は小さい。特に国連の対内的アダプターたる政府の透明性が低く、国内政治の対策上の道具として国連を利用する度合いが高い国においては。つまり特に日本に関してはこのようなアプローチをとる意味はきわめて低いばかりか、時には危険なためである。

注

（1） State of the Union Address, January 20, 2004.

（2） Remarks by the President at the 20th Anniversary of the National Endowment for Democracy, November 6, 2003.

（3） 例えば、川口外相は「我が国の中東への依存度が石油においても非常に高いわけで、この地域の平和と安定というのは我が国の国益にとっても大変に重要な問題であると思います」（参議院外交防衛委員会、二〇〇三年四月一七日）と述べている。同様の発言は、石破防衛長官（参議院外交防衛委員会、二〇〇三年七月一七日）、福田官房長官（参議院外交防衛委員会、二〇〇三年七月二二日）など、多くの閣僚により頻繁に繰り返された。

（4） 例えば、高野博師参議院議員（公明）が「北朝鮮に対して、大量破壊兵器に対して単独で対応できないということから見ると、やはり日米同盟をしっかりして抑止効果をきちんと働かせるということが重要ではないかと思（う）……、そういう意味で、今回のイラクの問題との関連で、日米同盟の信頼性を損なうというような行動は日本は取れないと私は思」うと述べ（参議院外交防衛委員会、二〇〇三年三月二〇日）、青木幹雄自民党参院幹事長は二〇〇四年三月一六日のＮＨＫの番組において「戦争か平和か、米国についていくかいかないかという議論はちょっとおかしい。北朝鮮に日本中が不安を感じている時に、そういうことを一切考えないで米国との関係を論ずることはできない」、「首相がはっきりと、なぜ米国を支持するかを国民に向かって分かりやすく説明する必要がある」と語った（二〇〇四年三月一六日、共同通信）。ただし、政府は公式的にはこのような議論を展開していない。先の高野の質問に対しても、石破防衛庁長官は「イラクの問題を直接北朝鮮に結び付けて御議論をするということが必ずしも正しいとは思っていません」と答えている。政府としては、イラク問題そのものを正当化せずに、他の問題を理由にしたのでは爆撃を支持する法的整合性がなくなり、また、北朝鮮問題が解決した際にはイラク爆撃を支持する理由が大きく減じることになる以上、認めないのは当然だった。これは爆撃支持に反対する国民向けに与党政治家が行った解説だったと言うことができる。

（5）例えば、二〇〇四年の大統領選挙において民主党の大統領候補として有力視されるケリー上院議員は、ワシントン・ポストのウッドワード記者の本を示して、ブッシュ政権がサウジアラビア大使と石油について秘密の取引を行ったことを批判している（*The New York Times*, April 20, 2004）。同様の文脈の議論はきわめて多い。

（6）河辺『国連と日本』（岩波書店、一九九四年）および河辺『日本外交と外務省』（高文研、二〇〇二年）。

（7）対外関係タスクフォース報告書「二一世紀日本外交の基本戦略」二〇〇二年一一月二八日、内閣府。同タスクフォースの委員は以下の通り。岡本行夫（座長）、小此木政夫、北岡伸一、田波耕治、谷野作太郎、張富士夫、西原正、山内昌之、渡辺修。

（8）「外交政策評価パネル」報告書、二〇〇三年九月、外務省。同パネルの委員は以下の通り。北岡伸一（座長）、有馬真喜子、井堀利宏、坂元一哉、竹内佐和子、西川恵、本田敬吉、御厨貴、村瀬信也、渡辺修。

（9）UN. Doc., S/PV. 4833, p. 20（「司法と法の支配：国連の役割」と題して二〇〇三年九月二四日に開催された安保理の外相級会合における米国の発言）。

（10）Samuel R. Berger, "Foreign Policy for a Democratic President", *Foreign Affairs*, May/June 2004.

（11）例えば、John Hadwen and Johan Kaufmann, *How United Nations Decisions are made*, Sythoff-Leyden, 1960; Johan Kaufmann, *United Nations Decision Making*, Sythoff & Noordhoff, 1980（ヨハン・カウフマン著／山下邦明訳『国連外交の戦略と戦術』有斐閣、一九八三年）; Abiodun Williams (ed.) *Many voices: multilateral negotiations in the world arena*, Westview Press, 1992; J. William Zartman (ed.) *International Multilateral Negotiation-Approaches to the Management of Complexity*, 1994（ザートマン

編著／碓氷尊監訳、熊谷聡・蟹江憲史訳『多国間交渉の理論と応用――国際合意形成へのアプローチ』慶應義塾大学出版会、二〇〇〇年）; Bertram I. Spector, Gunnar Sjostedt, and I. William Zartman (ed.), *Negotiating International Regimes: lessons learned from the United Nations Conference on Environment and Development* (*UNCED*), Graham & Trotman/Martinus Nijhoff, 1994 などがある。

# 第2章　非国連化の始まり

## 1　ECEとOEEC

### 米国による国際機関の二重構造化の推進

ＵＮＥＳＣＯの創設に象徴されるように、「アメリカ」の理念の世界化と制度化としての国際機関を各分野で作り上げる試みが進められた。しかし創設が計画されながらその実現には至らなかった分野もあった。当初創設が予定されていた国際貿易機関（ＩＴＯ）が発効に至らなかったのである。ＩＴＯも世界恐慌の発端となった米国が主導したものであり、だからこそ理想的な提案だった。そして逆にそのことが各国をして批准を躊躇させる理由となり、米国自らも批准には至らなかった。

かつて米国議会が連盟規約の批准を認めなかったのは、米国の理念をめぐる抽象的な問題が問われたためであり、必ずしも差し迫った具体的な対応に関して対立があったわけではなかった。そして第二次大戦後の米国内においては、ナチスや日本軍国主義の実態を前にしてそのような抽象的な問題は決着がついており、もはや深刻な矛盾には至らず、国連憲章の批准も可能になった。しかし貿易という日常の経済活動に直接結びつく分野では事態が異なり、いわゆる総論賛成各論反対の現象が生じることになる。今や問題は、選挙民の直接的な利害に至っており、それを重んじる国内の民主制と国際的民主制の理念の間の矛盾が早くも表面化したのである。

一方、同盟を結んだはずの米ソの間で対立が生じることにより、すでに国連化の道筋がついていたはずの問題に関しても対立が生じるようになる。一九四七年六月五日にマーシャル米国務長官がヨーロッパ復興計画いわゆるマーシャル・プランを提唱し、その受入れ機関として四八年にヨーロッパ経済協力機構（OEEC）が国連とは関係のない機関として設置されたのである。

しかし、まさに「経済的……性質を有する国際問題を解決すること」の「達成に当つて諸国の行動を調和するための中心となる」ために、国連が作られたはずであり、だからこそ経済社会理事会が主要機関として設置され、専門機関の活動の調整などを行うことが決められたはずだった。加えて、すでに四七年三月二八日に経済社会理事会が五つの地域委員会を作ることを決議しており、[1]これにより欧州経済委員会（ECE）が設立されていた。それにもかかわらずOEECを設置したことは、屋上屋を架する意味のないものだったことになる。特に八〇年代以降、米国は国連に対する批判を強めているが、そこで問題とされていることの一つに、国連では一つの分野を担当する機関が複数存在していることがある。そのために不効率が生じているというのだが、ここではその米国が率先して国際機関の二重構造を推進したのである。

### ソ連の事情

この背景には、ソ連が、ヨーロッパ復興問題を国連の下に置くことに反対していたことがあった。ＥＣＥに関しても、フランスが「善意とギブ・アンド・テイクの精神」に基づいてドイツ経済に関する規定を盛り込むことに賛成し、英米などがこれを支持したのに対して、ソ連は、「関係地域における経済発展に関する責任は占領当局のみが負う」として、ＥＣＥの任務における「ドイツ経済へのいかなる言及にも反対する」、ＥＣＥの「権限がヨーロッパ全体または国連非加盟国に拡大されることは望まない」、ＥＣＥは「国連の枠内で活動すること」等と繰り返し、「経済社会理事会のメンバーの中に、専門機関や政府間機関に独占的な権限を与えようとする願望がある」ことを批判し、ＥＣＥに「過大な負担を負わせない」よう修正を試みたのである(2)。

ソ連がヨーロッパ復興について国連の役割を制限しようとしたのは、国連において多数派を形成できなかったためだった。ＥＣＥに関するソ連の修正案も、多数をとれずにすべて否決されている。そして戦場となったヨーロッパの復興のあり方は、ヨーロッパにおける米ソの勢力圏に関わる当面最大の政治問題であり、特にその焦点はドイツだった。占領当局としてであればソ連はドイツに対して絶対的な権限を持つ。また、仮に国連で扱うにしても安保理であれば拒否権を行使できる。しかし多数決を採用する総会や経済社会理事会などでは、決定に対するソ連の影響力はないに等しい。だからこそ他の諸国はこの問題をこれらの機関で扱おうとする一方で、ソ連はそのことを「独占的な権限を与えようとする願望」として強く批判するのである。他の諸国の意図に照らせばソ連の批判は適切であり、ソ連がヨーロッパの復興に関して国連化を拒んだのは当然のことだった。

しかしその一方で、ソ連は時代精神としての国連そのものを否定したのではなく、時代精神の具体化のために自らが創設に関わり、またそこで特権を持つ国連を否定したのでもなかった。この時の審議に限らず、当時のソ連は国連憲章の遵守を再三訴えている。それは自らが国連で得ていた安保理常任理事国としての特権的な立場の擁護を意味したためだが、遵法を求めている以上、ソ連と対立している国であってもこれを批判することは難しい。ECEの設立の際の審議でも英国が「ソ連提案の論理を理解する」と述べ、他の西側諸国も同様の発言を繰り返すことになったのはこのためだった。合意されていた国連の枠組みを積極的に逸脱しようとしたのはむしろ米国などだったのであり、そのことは当事者も了解していたのである。「善意」ややむをえない事情を理由づけとしたのも、法的にはソ連の主張を単純に否定することができないためだった。議論のあり方としては、憲法を逸脱する理由に国際貢献が用いられてきた九〇年代以降の日本政治の状況と類似していた。

しかし米国にとってECEも満足のいく場ではなかった。民主制を理念とする国連の下に作られた地域を対象とする機関である以上、ECEはメンバーを恣意的に選ぶことはできない。国連加盟国であり、ヨーロッパ地域に属するソ連は当然にECEのメンバーとなった。ソ連の反対をおしてECEの権限を拡大して創設しても、その活動にソ連も参加することになり、ECEからソ連の影響を排除することはできない。このため創設時の議論はそのままECEで繰り返されたのである。

## 民主制のジレンマ

これに対して米国政府内ではＥＣＥに対する批判が起こる。五月二八日の国務省では、クレイトン経済問題担当次官が「ＥＣＥは、小国がソ連を怖がるために、建設的行動を妨害しようとするソ連のあからさまな意図が実行されており、その当初から麻痺している。このためフォーラムとしては全く利用できない」と述べている。しかし、前年に国務省入りし、国連問題を担当していたラスク国務省特別政治室長は、「ＥＣＥがこのためには利用できないとの決定的な状況を示さない限りは、またも国連をバイパスしたことに対して世論が急激に高まり、すべての計画を台無しにしかねず、また間違いなく危うくするので、現時点でＥＣＥを利用しないとの決定は下すべきではない」と主張し、アチソン次官も「この危険性に敏感に反応した」(3)。民主制に重きをおく米国が国際的民主制をバイパスしようとする矛盾を、米国は認識していたのである。米国は民主制のジレンマの中にいた。

六月二〇日、マーシャル国務長官が次のような電報を駐英大使に送る。「当面の課題はヨーロッパ計画の進展においてＥＣＥがどのような役割を、役割があればの話だが、担えるのかということである。この種の問題を直接カヴァーする任務を持った国連機関を利用することは望ましく、国連に対するわれわれの長期的な目的にも適合しているが、われわれはここでは効果的かつ迅速な行動がきわめて難しいとの懸念を共有している」。「われわれは、ＥＣＥが役割を果たすかどうか、もし利用するのであるのならば、暫定的な進行報告を伴う明確な予定表を定めた迅速かつ効果的な行動と、遅延が生じた場合には関係国がECEの外に移行する立場の留保の保証を主張することを検討するイニシアティヴを、ヨーロッパ諸国、特に英国とフランスにとらさせようと思い始めている」(4)。

英米的な自助の精神からもこれは合理化された。例えばマーシャル国務長官はジュネーヴ領事に宛てた四七年六月一七日付の電報で次のように述べた。「ヨーロッパ援助のための新計画はない。もしそのような計画が進展するのならば、それはヨーロッパ主要国が次のようなことを示した後である。すなわち、すでに提供されている援助がなぜこのように乏しい成果しかもたらしていないのか、そして自助のためになにができるのか、どのような手順が最も素早い結果を生むのか、そして最も少ないわれわれの助けにより、いかに早く自立に復帰できるのか。したがって、われわれがECEに示すことは何もない。ヨーロッパ諸国がイニシアティヴを示さなければならないのである。もし彼らがECEを通じて活動することを望むのならば、われわれはかまわないが、それが排他的であってはならない(7)」。もちろん、「排他的であってはならない」という言葉は米国に対するものであり、ソ連を念頭に置いたものではなかった。

つまり、米国が新機関の創設を主導するのではなく、ヨーロッパ諸国が自発的に行動する形をとったのである。米国が国際的民主制を無視または軽視するのであれば矛盾が大きくなる。しかし米国の呼びかけに関してヨーロッパ諸国が自発的に行動するのであれば事態が異なる。この結果、マーシャル・プランの受入れ機関としてヨーロッパ諸国がOEECを作ることになる。

## ＯＥＥＣ設立の意味

もちろん、これに対してはソ連東欧諸国からは懸念が表明される。例えば駐ポーランド大使はマーシャルに宛てて「（ポーランド）外相が、すでにＥＣＥがあるのに、英国とフランスのこの提案は、国連機関が実行すべきことを遂行する新たな機関を作ることだと述べた」と、七月一〇日に報告している。(5)ソ連に対抗するために、いかに西側諸国にとって都合のよい顔ぶれによる機関を作り上げるか、具体的にはいかにソ連を排除するか、これがＯＥＥＣが作られた意味だった。そのことを考えれば、ポーランド外相の懸念は適切なものだった。ソ連が、ドイツ経済に関する権限を国連に委ねるのではなく自国が権限を持つ占領体制にとどめようとした、つまり国連化を拒んだのに対して、米国は国連化でも不十分と認識し、新たに機関を創設することで対応しようとしたのだから。

この米国の動きは、結果的にこの分野における国連の取り組みを無力化することになった。この点について、四八年にカナダ外相に就任し、五二年には総会議長を務めたレスター・ピアソンは「この仕事でもし国連が無視されなかったら、国連の権威はいまより大きくなっているだろう。もし国連がマーシャル計画のような、重要な国際的経済計画に参加していたら、ヨーロッパにおいて国連のシンボルに権威が加わったに違いない」と語ることになる。(6)米ソの姿勢は対照的なように見えるが、問題を非国連化しようとしたことに関しては共通していたのである。米国的な見方であれ、ソ連的な見方であれ、時代精神が国の主権の制限までをも示した以上、その具体化のための機関である国連のあり方が深刻な対立を呼んだのは当然のことだったが、それは、国内政治において、それぞれの政党などが自らにとって都合のよい選挙制度や選挙区の区割りを主張する議論に似ていた。そして四七年は、国際的に最も露骨な区割りであるパレスチナ分割が決められた年でもあった。

ここで再度強調したいのは、OEECは、国連がヨーロッパの経済問題に十分な活動をしていないから作られたのではなく、国連が地域的な経済問題に関して具体的な取り組みを始めたからこそ、それを無力化するために作られたという点である。もちろん、ここではECEが迅速かつ効果的な対応ができないことがOEEC創設の動機ではあるが、その是非はともかく、ヨーロッパの復興について議論があった以上、時間がかかるのはやむをえない。しかもECEの設置が決められた日からマーシャル・プランの提唱まで二カ月余り、国連が本格的に活動を始めてから一年半しか過ぎていない。戦場となったヨーロッパの復興が緊急を要するにしても、これはこの問題を国連から切り離す理屈をつけるために最低限の時間をおいたものでしかない。これは異なる意見の間で合意を形成するための時間と言うよりも、合意できる者を選び出すための準備期間に過ぎなかった。時代精神が確立し、志を同じくするはずの国が団結(unite)したのが国連(United Nations)である以上、改めて方向性を論議する必要があること自体が米国政府の認識の外にあったのである。

四七年一〇月に「関税及び貿易に関する一般協定(GATT)」が作成された。ITOの発足が実現しなかったために、その憲章の関税および貿易に関する主要部分を抜き出したものだった。GATTは翌年より暫定的に発足するが、この動きとOEECの成立経緯は同時期である。つまり、国内民主制と国際民主制の間の対立のために貿易問題が国連化されないことが明白になったと同時に、ヨーロッパ地域に限定したものではあっても、経済問題全般が非国連化されたことになる。五〇年、米国とカナダがＯＥＥＣの準加盟国となる。ヨーロッパにおける国連の経済活動を非国連化させるために作り上げた機関が、地域的限定を離れ始めたことになった。米ソ対立が緊張を増し、朝鮮戦争が勃発する中でのことである。

しかし、立場から見て好ましくない構成員だとしても、それを理由に排除したのでは「民主的」ではない。それは、行政機関ではなく時代精神を実現するための政治機関である国連、そしてその時代精神の中でも、国連の創設を主導した米国が最大の価値を置く理念である民主制を否定することになる。一般に、米ソ対立により、大国間の一致という国連の原則が夢想的なものだったことが明らかになったなどと言われることが多い。しかしその結果としてとられた措置は、そのような手続き的な原則を無力化するにとどまらず、民主制とは何かという問題にまで関わるものだった。

ただしそれは、ソ連の共産主義が民主制を脅かすものであるという認識から問題化しなかった。団結をした各国（United Nations）の中に団結すべきではない国が入ってしまったと捉えられたのである。そこで、抽象的に表明されていた経済の国連化が地域委員会の創設などにより具体的に進められる中で、新たに団結し直したのである。時代精神のすべてまたは一部が否定されたわけではなく、国連総会の民主制に対する信頼が揺らいだわけでもなかった。

## 2　安保理から総会へ

一方、時代精神の根幹をなす、軍事力に裏打ちされた平和、つまり国連軍の結成に関しても具体化が着手された。四六年二月一六日、安保理は軍事参謀委員会に、安保理と各国が締結する兵力提供のための特別協定につき、軍事的観点から検討するよう指令した。

軍事参謀委員会は、憲章第四七条により「安全保障理事会の軍事的要求、理事会の自由に任された兵力［いわゆる国連軍］の使用及び指揮、軍備規制並びに可能な軍備縮小に関するすべての問題について理事会に助言及び援助を与える」もので、国連軍の「戦略的指導について責任を負う」と規定されていた。これに応え、軍事参謀委員会は四七年四月三〇日付で、常任理事国が中心になって兵力を提供することなどを四一カ条にまとめた「国連加盟国より安保理に供された兵力の組織に関する一般原則」を中間報告として提出した。このうち二五カ条は常任理事国の一致を見たが、残り一六カ条は合意できず、二、三の案を併記することになった。その後もこの問題はこれ以上の進展を見ず、四八年八月九日に最終報告を出して活動を終えた。

### ソ連無力化のための国連改革

中間報告が発表された後で米国政府内で問題化したのは、国連軍の実現ではなく、ソ連が拒否権を持つ安保理をいかに無力化させるかということだった。第二回総会を前にした七月一八日に作られた「総会運営班の最近の会議」内容をまとめたメモによれば、ラスク米国国務省特別政治室長は、「脅威を調査する常設の委員会の設置を次期総会で推進する」ことなどを提案するのである(8)。当時の国連においては、中南米諸国と西欧諸国が加盟国全体の三分の二近くを占めており、多数決で決定を行う総会においてはソ連の意向が反映される可能性はほとんどなかった。安全保障に関する総会の権限を強化することは、すなわち安保理におけるソ連の力を弱めることにほかならなかった。

これは速やかに具体化され、八月六日にはジョンソン国際安全保障局長が、同年より政策企画委員会の部長となったケナンに「われわれの政策と国連確立の試みがソ連の議事妨害政策と戦術によりイライラさせられていること」を「はっきりさせるべき」として、「国際関係の重要問題に関するすべての原則問題を提起できる継続的な国連機関を確保すること」を提案した。ただし、「安保理におけるフラストレーションのために、安保理を政治紛争を扱う機関とすべきではないとわれわれが確信するに至ったことをほのめかす文言を含むべきではない」と付記された(9)。ソ連の力を封じるために政治問題とを安保理から切り離そうとする米国の本音は隠しておいた方がよい、というのである。

九月一七日、米国は「平和と安全に関する総会中間委員会の創設」とする議題の上程を国連総会に提案した(10)。総会は九月から一二月にかけて開催されるが、閉会中にもその権限を行使できる機関を作ろうというものだった。議題案の採否および委員会への割り当てを決めるのは、総会議長を委員長とする一般委員会だが、ここでソ連のグロムイコ国連大使は、「この提案は、憲章により平和および安全の維持に主要な責任を負う安保理に競合する機関を作ることになる。このような機関の創設は違法かつ違憲で、憲章の基本原則に全く反している」[11]と強く反対した。これに対してオースティン米国連大使は「安保理が安全保障を独占的にコントロールしているのではない。総会も憲章第一〇条により幅広い権限を与えられている。総会が下部機関を設置する権限に関しても憲章第二二条により認められている。この提案のような機関を創設することは、全面的に合憲であり、憲章とその原則に死ではなく生をもたらすものである。……議題に項目を上程することについては何の憲章上の制約もない。総会はすでにパレスチナ特別委員会を創設しており、憲章第二二条の先例となっていることを強調する」として、この提案を正当化した。[12]少数派にとどまっていたソ連の反対は通るはずもなく、この議題案は一二対二で採択された。

この議題は政治問題を担当する第一委員会に付託され、提案国の米国が議事の口火を切った。ダレスは「国連の根本的な問題は安保理と同様総会の手続きに欠陥があること」とし、安保理に関しては「のちほど適切な時期に提案を行う」と、中間委員会が拒否権を直接に念頭に置いたものであることは明確には示さなかった。そして、「『迅速且つ有効な行動を確保するために』（憲章第二一条）安保理が負っている主要な責任に基づいて、総会は広くかつ直接的な責任を持っている」、「中間委員会は、国際の平和および安全に関する安保理の主要な責任を全面的に尊重することが期待されている」などと繰り返した。「安保理を政治紛争を扱う機関とすべきではない……ことをほのめかす文言を含むべきではない」ことを守り、あくまでも手続き的な問題として説明したのである。

本音を示したのは、むしろ他の諸国だった。例えばボリビアは「国連は一八カ月の間、最も重要な機関である安保理において拒否権が行使されてきた結果、大失敗に終始し、機能不全に導かれてきた。……拒否権は、決定を強制することができる国際機関が平和を守るという世界の希望を抹殺せんとしているのである」として、米国の提案を支持した。

## ソ連の反論

これに対してソ連は、「拒否権は小さい勢力（small powers）を守るためのみに使われてきた」と反論した。小国という意味ではなく民主制における少数派という意味では、確かにその通りではあった。ただし、米国が公式には拒否権の無力化を表明していなかったため、「『ニューヨーク・ポスト』は、拒否権、そして同様に安保理を事実上排除することを保証するための効果的な措置と、この案をうまく説明した。また『ニューヨーク・タイムズ』の記事は、安保理が暗礁に乗り上げた際には中間委員会が速やかに活動できることを希望すると述べている。これは中間委員会が安保理に置き換わることを意味する」と、間接的にその意図を批判するにとどまった。また「朝鮮の独立およびイタリア平和条約などのように、憲章によって総会の権限の下にはない問題が上程されており、議題がすでに加重負担となる、矛盾した状況が生じている」ことを指摘した。[13]

実は、中間委員会の議題上程を提案した文書は、ほかにもう一つの議題項目、「朝鮮の独立」も提案していた。朝鮮の独立は、四五年一二月二七日のモスクワ協定により、五年間を限度とする信託統治を経てなされるものと合意されていたが、米国は米ソ間の協議が不調に終わっていることを理由に国連化しようとしたのである。この背景には、即時独立を求めて信託統治へ反対する朝鮮人の声があったことと、独立に関して米ソ間の協議が進展していなかったこと、そして中国内戦があった。二年足らず前に合意されていた朝鮮半島の管理方式ではすでに不都合が生じており、その合意とソ連の反対を押し切って朝鮮独立を実現する必要があったのである。そのために利用されたのが、米国が多数派を形成している総会だった。

これについてソ連は、「もし米国が協議の結果に不満だとしても、そしてソ連も同様に不満だが、適切な手続きは、この問題を関係する他の三カ国すなわちソ連、英国および中国に提起することである。この問題を総会に移すことは違法だ」と反論した(14)。ECE創設の際と同様、すでに権限が確立している旧連合国の枠組みを守ることを主張したのである。しかし米国は、「最近、米国は一九四五年の合意を履行するための提案を行い、この提案についての協議に参加するよう他の諸国に要請した。中国および英国は合意したがソ連はしなかった。朝鮮の将来が問われている現在、米国がとりうる方法はこの問題を国連総会に持ち込むこと以外ない」と突っぱねた。この議題も中間委員会と同様、賛成一二、反対二で採択された。

これは、国連外でソ連が持つ権限を無力化するものだった。それと同時に中間委員会の創設、つまり国連においてソ連が権限を持つ安保理の無力化が図られたのである。ソ連が中間委員会に関して「総会の権限の下にはない問題が上程されており、議題がすでに加重負担となっている」と主張した背景だった。そしてこの両者が同時に提案された点にこそ、中間委員会の持つ意味があった。

本会議でも同様の議論が続いたが、ここでソ連はマーシャル・プランについても言及した。「ソ連代表団がこれまで政治問題は総会に持ち込まれるべきではないと言ったことがあるだろうか。……しかし、米国のヨーロッパ経済『援助』および『復興』計画が惨めに失敗しないかと総会を恐れていたとわれわれが言うときには、これを事実によって証明できるのである。米国はこの計画を国連の枠外で実行することが必要だと確信している。……米国代表団はこのような問題を総会で検討するよう提出すべきだが、なされていない。例えばマーシャル・プランのことである」(15)。一方で非国連化を進めつつ、他方で総会強化を主張する矛盾をついたのである。そして「すべての加盟国に対して憲章に従って行動するよう、憲章に違反しないよう、尊重し、憲章の原則を尊重し、多数派だけではなく少数派も尊重するよう、緊急にアピールする」と述べて、中間委員会には参加しないことを宣言した(16)。しかしこれも審議時間を引き延ばす意味しかなかった。結局、賛成四一、反対六、棄権六で中間委員会の設置が決められた(17)。

### 政治問題の非安保理化の試み

米国が試みたのは、政治問題の非安保理化だった。経済問題はすでに非国連化が進められていたが、政治問題に関しては、ソ連が拒否権を持つ常任理事国として決定的な権限を持っていたことから、問題を安保理から切り離し、総会化させることによって対応しようとしたのである。総会化してもソ連は国連加盟国として権限を持つが、民主制に基づく総会では、その力を無力化することができる限り、これは有効だった。

ただし、成立したばかりの基本法の変更にもつながるだけに、その矛盾も大きい。ECEの際と同様に、いや時代精神の根幹に関わる問題だけにそれ以上に、ソ連は憲章を守れと繰り返すことになり、また、米国がヨーロッパ復興などでは非国連化を推進しながら、朝鮮問題などでは国連化を主張し、同時に安保理の無力化を図っていることが皮肉られることにもなったのである。

国連において多数を制した米国が、時代精神を実現するために恣意的とも言える方法で制度を利用しようとしたことは、当然と言えば当然だった。しかしそれは、ソ連の権限を無力化するという政治的な目的から見れば問題はないが、法的には矛盾した行動だった。米国はそれを自覚しているからこそ、その意図を口に出すことはできない。

逆にソ連は、国連を自らに都合のよいように運営することができない以上、この新たに作られた強力な機関が自らに不利にならないようにすることが次善の策となる。そして、法は権力を持つ者に対して恣意的な政治行動を規制する意味を持つ。ソ連が遵法を訴え、少数派の尊重を口にするのはこのためである。その意味で、ソ連の主張はそれなりの整合性を持っていた。

もちろんソ連の意図を肯定しているのではない。ここで問題にしたいのは、米国が自ら作り上げた世界の法体系化のための機関である国連を、発足早々自ら改変するという、決して法的に整合性がとれているとは言えない行動に出たことと、それがソ連を無力化するという政治的目的により合理化されていたことである。例えば、朝鮮戦争勃発後の五〇年九月に国務省は次のように述べている。

「国連は、異なる二つの方法で米国の利益に役立つ。第一に、その仕組みを通じて、米国の政策表明のための独特な補助手段を提供している。特に、世界的または多国間問題における意義は大きい。二国間、地域的または他の多国間的措置を望む場合にはいつでもそうする自由を保持しつつも、われわれが『世界的な』手法がもっとも有効だと考える場合は常に利用できる。第二に、憲章で述べられているように、この組織、その目的そして原則は、アメリカの理想の基本的な理念の多くを国際社会において具現化し、世界的に表明したものである。これは、アメリカの理念と目的に共感するように他者を再組織化する上で有益で、同時に、アメリカ人の合意自体が国際社会の規律の上に形成される必要があることに役立つ。ソ連が率いる侵略的な勢力と、米国が率いる対抗勢力が侵略の威力を抑制し減じようとする世界では、侵略に抗する勢力を後押しする連合を形成する上で、国連は有用である」。

「米国の行動の拡大が国連の原則と協調していれば、国際社会全体の利益を適切に認識することに同意するように、米ソ対立を国連とソ連の対立に転換することが容易になる。この機関は、米国と新たに独立したアジアの人々がより効率よく協力する手段を提供しているのである。国連加盟国である以上、その問題がどこで発生しようと、世界の問題に関心を持つことは、単に法的な意味にとどまらず、国連の中心的な加盟国である米国のまさに義務である。このことは、イラン、インドネシア、パレスチナ、韓国、ギリシャ、イタリア植民地、そして世界の他の低開発地域のような遠く離れた地域に米国の影響をもたらすために確固たる基盤となっている」[18]。

逆に国連においてソ連が多数派を制していたならば、米ソの立場は逆転したことになる。ソ連が積極的にこの機関を利用しようとし、米国がこれを妨害しようとしただろう。結論を先取りすれば、これは特に一九七〇年代に現実のものになり、米国は先のようなソ連の発言をこれ以上に露骨な形で繰り返すようになる。その延長上にレーガン政権が登場し、ブッシュ・ジュニア政権では単独主義にまで至ることになるが、これについては章を改めて取り上げることにする。

中間委員会の設置は「今会期の閉会から次期会期の開会までの期間」とされていた。翌四八年にも同様の措置がとられたが[19]、四九年一一月二一日には常設機関として再設置された[20]。四八年一月七日にオースティン米国連大使が、「ある意味では、現在の効果的ではない機関と、ロシアを除く世界の他の国に集団安全保障を提供することができるような機関の橋渡しと考えることができる」[21]と語っていた中間委員会が、安保理の競合機関として常設化されたのである。

### 中国代表権問題の登場

四九年一〇月一日、中華人民共和国が建国宣言をする。一八日に周恩来外交部長は、蔣介石政権が中国を代表していないことを国連総会議長と国連事務総長に通告した。安保理常任理事国の一員である中国の地位が問われるようになったのである。中華人民共和国が中国を代表するものとして認められた場合、それまで四（米英仏中）対一（ソ）という状態だった安保理常任理事国五カ国の力関係は、三（米英仏）対二（中ソ）となり、西側諸国は安定した多数派に安住することができなくなる。米国にとってはソ連の力を低下させるために安保理の権限を制限することが最大の国連改革であり、中間委員会常設化の背景だったが、当時のソ連にとっては、中華人民共和国の安保理参加が自国の力の拡大に最も直接的に貢献することだった。

翌五〇年一月八日、周恩来は蔣介石政権追放を求める書簡を事務総長と全理事国に出した。(22) 一月の安保理議長は中国、すなわち蔣介石政権の国連大使だった。ソ連はこれを受けて、一〇日、蔣介石政権代表の信任状を否認し、安保理から追放する決議案(23)を提出した。議長を務める蔣介石政権はこの採決を特別会合で行うように議事を進行する。これにソ連は反対するが、議長裁定が賛成八、反対二（ソ連、ユーゴスラヴィア）、棄権一（インド）で支持された。これに対してソ連は、現在の中国代表が安保理にいる限りソ連は安保理の活動に参加することはできないとして、退席する。(24)

一月一三日、ソ連の決議案が採決にかけられるが、賛成三（インド、ユーゴスラヴィア、ソ連）、反対六、棄権二（ノルウェー、英）で当然に否決された。当時、ソ連の拒否権の乱用が問題になっていたが、特にソ連の提案に対しては米国も頻繁に反対している。両者の違いは、米国が多数派であるために、その反対票は拒否権を構成しない点にあった。当然にこのことは米国もよく承知しており、国務省は一月五日付でオースティン国連大使に次のような訓令を与えていた。

「安保理において国民党政府の追放または共産党政権の登場のような効力を持つ動きがあった場合は、米国代表は反対票を投じなければならない。その際、この決定はいずれかの理事国の七票の賛成によってなされるため、米国は、常任理事国の反対票がすべて拒否権と見なしてはいないなどの短い投票説明を行う」。さらに、「この動議に対して反対するにあたって、米国はこの投票が拒否権とはならず、またそのように解釈されえないことをはっきりさせておきたい」とする投票説明の見本も付けられていた(25)。憲章は、手続き事項に関する決定に対しては拒否権は適用されないことを定めているが、そのことを強調するよう求めたのである。

実際の投票説明ではさらに以下のような文言も付け加えられた。「この問題に関する安保理の決定が七理事国の賛成票によって採択された場合には、わが政府はそれを受け入れることを、明快にさせておく(26)」。民主制を重視する米国が多数決を否定する拒否権を行使するわけにはいかなかったことと多数決に従うことを表明したことは、一体をなしていた。それは反対するソ連に多数決の受入れを迫ることでもあったが、その背景には、多数決による決定が自らを裏切るはずはない現実があった。それは、まさに絶対的多数を制している与党による野党に対する発言だった。

ソ連は、「国民党一派代表の不法な安保理出席を支持したことにより、米国は安保理のみならず国連の権威と威信を損なっている」と述べて安保理議場を退席した。すでにソ連は中間委員会への出席を拒否しており、安保理もたびたび退席していたが、それが恒常化したのである。ソ連が法的な問題を中心にその主張を展開してきた以上、安保理にソ連が違法と認識する代表が出席し、そこにソ連が同席したのでは、自らの主張の法的正当性が保てなくなる。しかも安保理は中間委員会の常設化によりその権限を狭められていた。ソ連にとって国連は、自らの主張を実現できないばかりか、自らに不都合なことばかりが実行される場となっていた。ソ連が認めたはずの時代精神と、その実施機関において実現している時代精神は全くかけ離れたものになったのである。ソ連の主張に基づく限り、ソ連がボイコットしたのは当然だった。

ソ連が退席した直後に、ユーゴスラヴィアが休会動議を出した。しかしこれも賛成三、反対一、棄権六で否決され、分裂を回避するための動きは認められなかった。それどころか、団結した諸国の中から団結すべきではなかった国が出て行ったことは歓迎すべきことだったのである。

現在、中間委員会について語られることは多くない。しかしこれは、国連とは何か、国連改革とは、国連政策とは何かを考える上で興味深い事例と言えるだろう。なお、中間委員会が開催されなくなったことに関して、安保理の権限に抵触するためと解説されることがある[27]が、これは明らかに問題がある。中間委員会は安保理の権限を侵すために作られたのであるから。

## 3　強制力の非国連化と国連化

### NATOの発足

四九年四月四日、英米仏伊など一二カ国が北大西洋条約を結び、北大西洋条約機構（NATO）

が発足した。北大西洋条約は、その前文で「締約国は、国際連合憲章の目的及原則に対する信念並びにすべての国民及び政府とともに平和のうちに生きようとする願望を再確認する」とした上で、第一条で「締約国は国際連合憲章に定めるところに従い、それぞれが関係することのある国際紛争を平和的手段によつて、国際の平和及び安全並びに正義を危うくしないように解決し、並びに、それぞれの国際関係において、武力による威嚇又は武力の行使を、国際連合の目的と両立しないいかなる方法によるものも慎むことを約束する」とし、第五条で「国際連合憲章第五一条の規定によって認められている個別的又は集団的自衛権を行使」することを決めた。要するに、ここに入らなかった国、すなわちソ連に対する軍事同盟であり、侵略者に対しては各国が協力して武力の行使も辞さずに立ち向かうとする時代精神たる国連憲章の安全保障部分を体現したものだった。

しかし、そのために国連が作られたのであり、国連軍の規定こそ国際連盟とは異なる国連の特徴のはずだった。それにもかかわらず、その最も重要なはずの特徴を実行する機関が、国連の外に作られたのである。第二次大戦後の世界の時代精神の根幹部分の非国連化だった。すでにOEECの創設によってヨーロッパの復興が非国連化されたことに続いて、やはりヨーロッパにおける軍事行動も国連を出て行った。

一方、安保理をボイコットするソ連と、時代精神の実施機関である国連の中心的大国として席が用意されていながらそこに着くことが認められなかった中国は、五〇年二月一四日に中ソ友好同盟相互援助条約を結ぶ。その前文には両国が「国際連合の目的及び原則に従って極東及び世界の長期にわたる平和及び全般的安全を強化することを希望」することが謳われた。またこれに先だって一月二六日には米韓相互防衛援助協定がソウルで署名されていた。米ソ双方とも、時代精神はそのままにそれを都合良く非国連化したのである。

六月二五日（現地時間）、北朝鮮が韓国に対して軍事侵攻を始め、朝鮮戦争が勃発した。これに対してソ連が欠席する安保理は速やかに制裁を科し、二七日（現地時間）には各国に韓国援助を要請(28)、七月七日には、これに基づいて派遣された各国の軍隊を米国の下にある統一司令部に提供し、米国に司令官任命要請、統一司令部に国連旗使用を認めた(29)。いわゆる朝鮮国連軍の創設である。非国連化されかかった軍事行動が、ソ連の安保理ボイコットによって国連化したことになる。

しかし八月になりソ連が安保理に復帰した。安保理議長は英語国名のアルファベット順で一月ごとに持ち回るが、八月の議長はソ連にあたっていた。ソ連は、「確立している手続きにより、八月の安保理の議事を引き受ける(30)」ことを通知し、安保理に復帰した。この結果、これ以降は朝鮮問題を安保理では議論できなくなる。ソ連は、安全保障分野において強制力を備えた国際機関として作られた国連を、この分野で機能させてはならないことを、機能される側として痛感したわけである。

## 超法規的な国連改革

これを受けて米国は安保理の権限を明示的に総会に移すことを試み始める。すでに九カ月前に中間委員会が安保理の競合機関として成立していたが、中間委員会は法的整合性を保つために、既述のように「国際の平和及び安全に関する安保理の主要な責任を全面的に尊重する」ことが強調されており、その役割も、総会から付託された問題の審議、調査および総会への報告にとどめられていた。安保理の軍事力を行使する権限には手が付けられていなかったのである。

オースティン国連大使は、ソ連が国連事務局に提出した安保理に復帰する書簡を七月二七日午後八時五三分の電報で国務省に報告しているが[31]、それに先だつ午後七時二分の電報で、「ソ連が支援する新たな攻撃がどこで起きるか知ることができないので、いずこかで侵略が起きた際に、(a) 国連および他の現実的な手段によりいかなるソ連の新たな冒険も阻止すること、(b) できる限り速やかかつ効果的に対応できるように国連を備えることのために、速やかにあらゆる努力を払わねばならないと思う[32]」と意見を具申していた。

このために、翌日には安保理が「国連平和監視グループ」を設置する決議案が作られ[33]、トリクヴ・リー国連事務総長とも話し合いがなされた[34]。しかしソ連が復帰するとこれ以上の措置がとれなくなることから、三一日には、「安保理が行動できない緊急事態に利用するために、総会が何らかの形で採択する可能性を含めて国務省は研究している」ことが示された[35]。

これは軍事行動を含む安保理の権限を総会が行使できるようにする「平和のための結集(Uniting for Peace)」決議として結実し、一一月三日の総会で採択された。この決議は、安保理理事国のいずれか七カ国[36]の賛成または国連加盟国の過半数の要請もしくは同意があった際に、二四時間以内に緊急特別総会を開催し、武力行使を含む安保理の権限を行使できることを定めた。つまり常任理事国の拒否権はここには適用されない。ダレスは中間委員会の提案説明で、安保理に関しては「適切な時期に提案を行う」と述べていたが、それが三年後に実現したことになる。米国は緊急特別総会を招集する権限を中間委員会にも与えることを検討しており[37]、両者は密接に関係していた。

「平和のための結集」決議は、ソ連を含めて発足した国連をソ連に対抗する組織に転換すること、言葉を変えれば国連によってソ連を侵略者と認定する道を開くことにほかならなかった。これはまさに新たに国際機関を作り直す意味を持っていたのであり、それが超法規的措置とも呼べる強引な運営を伴ったのも、当然だった。憲章の改正を経ないで行われたこの措置は総会により安保理に対して行われたクーデターだった。これは、四五年に合意した国連憲章という時代精神とその実行機関を変化させるという意味で言えば、最も大胆な非国連化だったのである。

その非国連化を支えたのは、民主制を根幹に据えて建国された「アメリカ」という理念と国際民主制の間には矛盾がないとの確信だった。ＥＣＥに対抗するためにＯＥＥＣを作る挙げた際には「国連をバイパス」することに対する懸念が表明されたが、ここでは、「国連をバイパス」するのではなく、民主制を徹底させることにより、相対的にソ連の力を無力化したのである。

この決議は「平和のための団結行動（United Action for Peace）」と題する議題の下で審議されたが、ここには「アメリカ」の理念が反映していた。米国（United States）は自由を求める人々が団結（unite）して作り上げた国であり、それが各国と団結してファシズムと戦ったが、その戦後の平和のために作られた各国の連合（United Nations）において、その内部に抱えてしまった共産主義と戦うために、改めて団結が示されたのである。そもそも国連（United Nations）という言葉自体が、それまで参戦を支持していなかった米国が参戦を表明した四二年一月一日の連合国宣言で使用されたもので、国連創設に尽力した功績により四五年にノーベル平和賞を受賞したハル国務長官によれば、その考案者はルーズヴェルトだった[38]。この団結（unite）という言葉は、二〇〇一年九月一一日にマンハッタンなどで起きたテロ事件以降も繰り返されることになる。

ただし、ヨーロッパ経済に関しては非国連化を進める一方で行われたこの国連化には疑問も寄せられた。例えば、ＯＥＥＣの創設に対して、国連の権威が損なわれたと述べたカナダのピアソン外相は、続けて「（朝鮮において）兵力供出という形で、国連の権威が動員されねばならなかったときには、この権威の増大は大きな役割を演じただろう」と述べることになる[39]。

## 朝鮮戦争と中国

一方、当初は北朝鮮による一方的な進軍が続いていた朝鮮戦争は、九月一五日にマッカーサーが指揮する朝鮮国連軍が仁川に上陸したことを契機に、戦況が大きく変化をした。国連軍は一〇月七日には南北の境界線だった北緯三八度線を越え、さらに北進を続け中朝国境にまで迫る勢いとなった。建国を宣言した直後に国連に議席を得ることが拒否された中華人民共和国は、建国一年後に国連の名による軍隊から直接的な脅威を受けることとなったのである。これに対して一〇月八日、毛沢東は彭徳懐を中国人民志願軍指令員に任命し、志願軍が出動、一九日には鴨緑江を越えて北朝鮮に入った。総会が「平和のための結集」決議を採択したのはこのような中でのことだった。

翌五一年二月一日、総会は次のように決議した。「中華人民共和国中央人民政府が、朝鮮においてすでに侵略を行ないつつあるものの直接の援助を与えていることにより、また、同地にある国際連合軍に対する敵対行為に従事していることにより、自ら朝鮮において侵略行動に従事したものであることを認める（find）」。(40)

憲章第三九条は「平和に対する脅威、平和の破壊又は侵略の存在を決定（determine）」する権限を安保理に対して認めているが、ここではそれを総会が行ったのである。さすがに微妙な文言を使用してはいたが。ソ連が復帰した安保理ではそのような決定を行うことができないことがその背景にあった。同時にこの決議は、国連において安保理常任理事国としての地位を持つ中国、つまり、脅威を認定しそれを鎮圧する立場を持ちえるはずの中華人民共和国が、逆にその機関から侵略者として認定されたことを意味した。中国問題はより複雑さを増した。

初代の国連事務総長として朝鮮戦争に対応したリーは、のちに「もし一九五〇年春に北京政府の国連代表権が承認されていたら、はたして朝鮮戦争のようなことが起こっただろうかと、私は考えてきた」。「現時点ではおそらく誰もこの問いに答えることはできないだろう。しかし、この出来事に関わった他の人々もこの重要性を考え、同じ問いをしてきた。その内の一人が、一九五四年一月一三日にボルティモアで語ったサー・グラッドウィン・ジェブである。彼は『もし北京政府が一九五〇年の早い段階で国連に参加していたら、北朝鮮の侵略行為は絶対に起こらなかっただろう。このことは特に強調してさしつかえない』。私は、中国代表権問題解決のために一九五〇年春に私が払った努力は正しかったと、今でも確信している」と語っている。[41]ジェブはリーが正式に事務総長に任命される前に暫定的に事務総長代行を務め、のち、英国の国連大使となった。

中間委員会とともに提案された朝鮮問題は四七年から四八年にかけて、ソ連の反対を押し切って強硬に進められ、四八年には北朝鮮を合法政府とは認めない決議まで出されていた。[42]しかも中華人民共和国もその存在を認められず、ソ連も安保理をボイコットし、米韓の軍事協力が進められていた。そのような流れの中で北朝鮮が軍事行動を始めることになる。

リーやジェブの推測が正しいか否かは永久に分からない。歴史のもしもを問うことは意味がないばかりか、危険である。しかし、米国が時にはあえて法の逸脱の疑いがある措置を推進してまでソ連、中国、北朝鮮の排除を進めたこと、また特定の政治的な意図の下で朝鮮問題の解決が急がれたことなどが、朝鮮戦争の背景にあったことは指摘できる。そしてそのような措置がとられた背景には、侵略者と認定されたものに対しては妥協せず、軍事力をもって対決することにより平和は守られる、このような時代精神があったことも。

五三年にスターリンが死去し、朝鮮戦争が休戦し、五四年にはジュネーヴで首脳会議が開催され、米ソの対立は雪解けが始まる。そして五五年に、第一条で「締約国は、国際連合憲章に従い、その国際関係において武力による威嚇又は武力の行使を慎しみ、かつ、その国際紛争を平和的手段によつて国際の平和及び安全を危くしないように解決すること約束する」とし、第四条で「国際連合憲章第五一条に従い、個別の又は集団的な自衛権の行使」することを定めたワルシャワ条約が締結される。ＮＡＴＯと同様に、時代精神としての国連憲章を前提とした上で、実行手段を国連から切り離したのである。大規模な軍事力を行使する可能性がある米ソがともに軍事同盟を結成したことにより、軍事問題の非国連化が決定的になった。

このことは、時代精神の中心にある、宥和政策を否定し同盟と軍事力に裏付けられた平和という考え方が指向を同じくする国に委ねられたことを意味した。それは、この時代精神が批判されたり、根本的な議論がなされなくなることでもあった。

## 時代精神の転換

ワルシャワ条約締結の翌五六年、平和のための結集決議に基づく緊急特別総会が初めて招集された。一〇月に英仏とイスラエルがシナイ半島のエジプト軍とスエズ運河地区に対して軍事行動を開始したことに対して、英仏が拒否権を行使した安保理が、一〇月三一日に緊急特別総会の開催を決めたのである。賛成七、反対二（英仏）、棄権二（オーストラリア、ベルギー）だったが、平和のための結集決議によって拒否権は通用しなかった。本来はソ連に対して強制行動をとることを念頭に置いて作られたこの措置は、結果的に大国全般に対して機能することになった。

初の緊急特別総会は一一月一日から一〇日まで開催されたが、そこで決められたのは、国連の名による小規模の軍隊、国連緊急軍を派遣することだった。カナダのピアソン外相の提唱に基づくハマーショルド事務総長の尽力により、新たな活動を生み出したのである。

ハマーショルドの提案により、この新たな活動は、①当事者の同意に基づく、②中立を守る、③装備は自衛のためのものにとどめる、という原則を備えた。これは、時代精神の根本的な転換だった。侵略者に対しては妥協せず、軍事力を行使することも辞さない、これが時代精神のはずだったのだから。ところがこの新たな活動は、たとえ一方の違法性が明白であってもその同意がなければ展開されえず、その後も中立を保ち続けなければならないのである。そしてその軍備もあくまで自衛のためのものにとどまり、侵略行動を鎮圧するためのものではない。これらの原則は、否定されたはずの妥協的措置にほかならず、いずれも時代精神に反するものだった。

しかも、この活動には中小国が中心となって兵力を提供するようになった。四七年に軍事参謀委員会がまとめた「国連加盟国より安保理に供された兵力の組織に関する一般原則」が常任理事国が中心になって兵力を提供することを想定していたように、大国が中心となって兵力を行使するのが時代精神だったにもかかわらず。この新たな活動は、この点でも時代精神とは異なるものだった。

この新たな活動にはそれにふさわしい名がなく、「平和維持活動（Peace-keeping Operations)」という名が総会決議に正式に登場するのは六一年四月に採択された決議一六二〇においてだった。[43] この決議の本文において、「平和維持活動（peace-keeping operations）の費用をまかなう方法」を含む、「国連の行財政問題を最も重要かつ緊急の問題として第一六回総会議題に含むことを決め」たのである。興味深いのはこの前文で、「国際の平和及び安全の維持（maintain)、紛争の平和的解決及び諸国間の平和的友好的関係に必要な状況を生み出すための国際経済社会協力が国連の主な目的の中にあることに留意」するとしていた。

## ＰＫＯの意味と矛盾

この前文は二つの点で新たな内容を持っていた。第一は、憲章で使われている「国際の平和及び安全の維持（maintain）」という言葉を挙げていることである。これは国連の目的の冒頭に掲げられており、そのための具体策として示されたのがいわゆる国連軍だった。つまり、軍事力に基づく平和という時代精神を体現する言葉である。一方、peace-keeping は憲章では全く使われておらず、国際連盟規約を含めても、そもそも keep という言葉自体が一度も登場しない。peace-keeping という名は、この活動が時代精神とは必ずしも一致しない活動であることを意識した上でつけられたものだったと言うことができる。ＰＫＯはその後国連の中心的な活動になるが、このことは、時代精神の実施機関であるはずの国連がその原理を変更したことを意味した。

第二に、この前文が経済社会問題にも言及していることである。カナダはこの決議案の提案説明において、「国連の範囲を示すことが目的」と説明している。[44] しかし、創設からすでに四年が過ぎている国連緊急軍に関して決議するに当たってことさらに国連の目的を列挙する必要はない。その費用に関しては一九六四年に米ソ間で危機的状況を招き、投票を一度も行えない事態に至るが、この時点ではそれに比べれば深刻さは低い。このような中でわざわざこのようなことを指摘した点に、

ＰＫＯが、「国際の平和及び安全の維持（maintain）」にとどまるものではないことが示されていた。

また、この前年に安保理がコンゴに対する軍事的関与を決めた決議においてもこのような記述はなく、六〇年七月一四日にその設置を事務総長に要請した際には、「コンゴ共和国政府と協議の上で、同政府にそのような軍事援助を提供するために必要な手段をとる権限を事務総長に与えることを決定する」などの文言に終始した。(45) またこれに続いて七月二二日に採択された決議(46)でも「コンゴ共和国における法と秩序の完全な回復が国際の平和及び安全の維持（maintenance of international peace and security）に効果的に貢献することを考慮」することなどが謳われたが、やはり総会決議一六二〇のような文言はなかった。しかもこの活動は急速に軍事化していった。

カナダは前年九月二六日にディフェンベーカー首相が国連総会で行った演説でも、「平和維持（peace-keeping）の仕組みの強化」を訴えつつ、その直後の節では「ミドル・パワーとしてのカナダ」と宣言し、大国中心の意味を持つ maintain との違いを明らかにしていた。(47) 大国中心の安保理ではなく総会において提案され、しかも中小国が経済社会問題に言及しながら使われたこの言葉に込められた意味が分かる。ディフェンベーカーは保守党で、この五年前にＰＫＯを提唱して国連の変化を主導したピアソンとは立場を違えていたが、ディフェンベーカーはラディカルなことで知られており、特に外交政策に関しては両者に大きな差がなかった。つまり、maintain と keep の違いは政治的意志が生んだものであり、ＰＫＯの提唱のみならず、その名称の確立も時代精神の根本的な転換にも関わっていたのである。ただしそれは、憲章に手を加えないで、つまり時代精神を根本から問い直すことはしないで行われた不安定なものでもあった。そこにＰＫＯの矛盾もあった。

なお、国連公用語であるフランス語や中国語では、maintenance と keep のような区別はなされていない。また日本語でも同様である。ただし、日本語で「平和維持活動」という訳語が作られる際に明快な政治的意図があったと断定できるわけでもない。例えば、六一年六月に外務省国際連合局政治課が発行した調書『国際連合第一五総会の事業（上）』では、その目次および二六三ページの見出しで「平和維持活動」を使用しているが、同課が同じ六一年六月に発行した『国連時報№一四　国連軍』では「平和維持活動」の言葉は使っていない。後者は全体を「Ｉ　憲章の規定する国連軍、Ⅱ　国連軍設置の試み、Ⅲ　朝鮮における国連軍、Ⅳ　中近東派遣の国連緊急軍、Ⅴ　コンゴー国連軍」と割り振っており、ＰＫＯに関する後二章に過半のページを割いている。それにもかかわらず「平和維持活動」が使われていないのである。「国際連合」という訳語が敗戦前の調書において暫定的に使われており、戦後の政治状況を踏まえて作られたものではなかったことと同様に、(48)「平和維持活動」も仮訳が定着してしまった可能性が高い。

さて、「平和のための結集」決議はソ連のみを標的として作り出されながら、実際にはすべての常任理事国が対象となり、しかもそれが現実化した最初の事例において総会が時代精神に必ずしもそぐわない非強制的な活動を生み出したという二重の意味で、その本来の意図とは異なる方向で機能したことになった。この決議は、国連総会強化のための措置として重視されることが多い。しかし政治的な制度は、それが作られた時のまたは機能する時の政治的環境の反映であることに注意をする必要があり、その配慮を欠いては議論がゆがむことがある。「平和のための結集」決議はその典型であり、単純に説明することは問題だろう。

一方、中間委員会は、六一年六月二九日に役員が選出されたのを最後に自然消滅する。「平和のための結集」決議によりその役割を終えた上に、次章で見るようにその創設を主導した米国自身が総会の存在を疎ましく感じ始めた以上、これは当然の結果だった。

注

（1） E/RES/37.
（2） 80th & 81st meetings of the Economic and Social Council, 27-28 March 1947, "Official Records of the Economic and Social Council, 4th session, Meeting Records", pp. 197-205.
（3） "Foreign Relations of the United States, 1947, Volume. III", p. 236.
（4） Ibid., p. 264.
（5） Ibid., p. 321.
（6） レスター・ピアソン著／皆藤幸蔵訳『国際政治と民主主義』時事通信社、一九五六年、一一三頁。
（7） FRUS, 1947, Volume I, p. 955.
（8） Memorandum dated July 18, 1947, FRUS, 1947, Vol. I, p. 15.
（9） Ibid., pp. 16-17.
（10） A/BUR/85.
（11） General Assembly, 2nd session, General Committee, p. 18.
（12） Ibid., p. 19.
（13） 以上、A/C.1/SR.74, pp. 129-133.

(14) General Assembly, 2nd session, General Committee, pp. 19–20.
(15) General Assembly, 2nd session, Verbatim Records of the Plenary Meetings, 110th Meeting, pp. 773–774.
(16) Ibid., p. 781.
(17) A/RES/111.
(18) FRUS, 1950, Vol. II, pp. 30–31.
(19) A/RES/196.
(20) A/RES/295.
(21) FRUS 1948, Vol. I, part 1, p. 214.
(22) これは安保理文書としては印刷されていない。国連文書としては、審議の際にソ連が読み上げたものを記録した議事録が唯一である。Security Council Official Records, fifth year, No. 1, p. 2.
(23) S/1443.
(24) Security Council Official Records, fifth year, No. 1, pp. 1–4.
(25) FRUS, 1950 Vol. II, p. 186.
(26) Security Council Official Records, fifth year, No. 2, p. 6.
(27) 例えば、渡部茂己『国際機構の機能と組織　第二版』国際書院、一九九七年、二〇六頁。「一九四七年の第二回総会において一年のみの委員会として設置され、四八年にも存続が決定された後、四九年の第四回総会で常設とされた。中間委員会は、総会の会期意外の期間において、その任務を継続しようとするものである。ただし、六一年以降は会合を持っていない。安全保障理事会の権限と抵触するおそれがあるからである」。
(28) S/RES/83.
(29) S/RES/84.
(30) S/1643. ただし、"Security Council Official Records, fifth year, Supplement for June, July and August,

1950”には収録されていない。この頃の国連公式資料には、中国代表権問題やソ連に関して未収録の文書が少なくない。注（22）参照。

（31） FRUS, 1950, Vol. II, p. 248.

（32） Ibid., p. 304.

（33） Ibid., pp. 307–308.

（34） Ibid., pp. 311–312.

（35） Ibid., p. 315.

（36） 六三年一二月一七日に総会が非常任理事国を六カ国から一〇カ国に拡大する憲章改正を決議（A/RES/1991）し、これが全常任理事国を含む加盟国の三分の二の批准によって六五年八月三一日に発効したことを受けて、六五年一二月八日に総会決議 A/RES/2046によって九カ国に修正された。

（37） FRUS, 1950, Vol. II, p. 316.

（38） The Memoirs of Cordell Hull, Vol. II, Hodder & Stoughton, London, 1948, p. 1124.

（39） レスター・ピアソン前掲書、一一三頁。

（40） A/RES/498. 翻訳は外務省国際連合局政治課『国連における朝鮮問題決議集』（一九七〇年、三二頁）による。

（41） Trygve Lie, *In the Cause of Peace-Seven Years with the United Nations*, the Macmillan Company, 1954, pp. 272–273.

（42） A/RES/195.

（43） これについて、香西茂が、「『平和維持活動』という言葉が、国連の文書の中で最初に登場するのは、一説によると、一九六一年四月二〇日であるという（E. Hambro, “Peace-keeping Operations during the Twenty-first Session of the General Assembly”, *Indian Journal of International Law*, vol. 7, 1967, p. 469）。しかし、*Yearbook of the United Nations* の中でこの語が正式に用いられたのは、一九六二年版以降のことである」と記したために（香西『国連の平和維持活動』有斐閣、一九九一年、五頁、注2）、六二年から定着したと認識されることがあるが、これは正確ではない。香西が紹介した Hambro の指摘する文書は、四月一八日にカナダが単独提案した決議案と思われる。これはＰＫＯの費用負担に関する検討委員会を設置するもので、国連の行財政問題を扱う総会の第５委員会に提出され、二〇日の委員会で採択、さらに翌二一日の総会本会議で決議一六二〇として採択された。この決議は六一年版の *Yearbook of the United Nations* に掲載されている。したがって、総会決議に関しては六一年四月二一日から、*Yearbook* に関しては六一年版からが正しい。

(44)　A/C.5/SR. 840, para. 6.
(45)　S/RES/143.
(46)　S/RES/145.
(47)　A/PV. 871, paras. 221 & 222.
(48)　河辺『国連と日本』岩波新書、一九九四年、三五～四〇頁。

# 第3章　進む非国連化

## 1　時代精神の矛盾としての軍縮問題

国連は軍縮を重視しなかったが、これは本来的に矛盾を内包していた。国際連盟規約が第一次世界大戦における戦争の変化を受けて軍縮を重視したのであれば、第二次世界大戦後は核兵器を前提にして軍縮に関する議論がなされなければならなかった。しかし、四五年六月二六日にサンフランシスコで国連憲章が署名された際には核兵器は存在していなかった。つまり、軍事力を重視する一方で軍縮を軽視する時代精神は、核兵器を前提としないで確立したのである。言い方を変えれば、憲章に署名した五一カ国の大半は核兵器の存在を知らずに時代精神を承認したことになる。

### 時代精神の矛盾

憲章署名からその二〇日後の七月一六日、ニューメキシコ州アラモゴードで米国が初めての核実験に成功した。原爆が人類史上初めて兵器として広島に投下されたのは八月六日、現地時間でその二二日後だった。さらにその二カ月半後の一〇月二四日に国連憲章が発効し、四六年一月一〇日午後四時、第一回国連総会がロンドンで開会された。二四日には歴史的な総会第一号決議が採択され、これにより原子力委員会の設置が決められた。その任務には「各国の軍備から原子爆弾および大量破壊に適用されうるすべての他の主要な兵器の撤廃」のための「特別提案を行う」ことも盛り込まれた。国連は、自らが想定していなかった問題に取り組むことを最初の任務としたのである。

このことは、憲章が確立する前に原爆が使われていたら、その存在が憲章の策定に影響を与えた可能性があることを物語る。原爆が時代精神の制度化たる国連憲章の確定とその発効の間隙を縫って使用されたこととともに、時代精神が当初から抱えていた矛盾だった。

原子力委員会の設置は、四五年一一月一五日の英米とカナダの合意を踏まえ、一二月一六日に英米ソの外相会議で合意されていた。これを基に、総会第一号決議はその委員国を安保理事国とカナダの一二カ国（カナダが安保理理事国の場合は一一カ国）とした。時代精神の一部をなす大国中心の理念に核兵器も委ねられたのである。

四六年七月一日、米国が太平洋のビキニ環礁で核実験を行った。国際連盟の委任統治領として日本が支配していたこの地域は、四七年四月一八日に国連憲章の下で米国の信託統治領となった。

憲章は第一一章を特に「非自治地域に関する宣言」にあてて、「関係人民の文化を充分に尊重して、この人民の政治的、経済的、社会的及び教育的進歩、公正な待遇並びに虐待からの保護を確保すること」、「各地域及びその人民の特殊事情並びに人民の進歩の異なる段階に応じて、自治を発達させ、人民の政治的願望に妥当な考慮を払い、且つ、人民の自由な政治制度の斬新的発達について人民を援助すること」などを謳いあげていた。その上で続く一二章では、「住民の政治的、経済的、社会的及び教育的進歩を促進すること。各地域及びその人民の特殊事情並びに関係人民が自由に表明する願望に適合するように、且つ、各信託統治協定の条項が規定するところに従って、自治または独立に向かっての住民の漸進的発達を促進すること」や、「人種、性、言語または宗教による差別なくすべての者のために人権及び基本的自由を尊重するように奨励し、且つ、世界の人民の相互依存の認識を助長すること」のために、国際信託統治制度を設置していた。民族自決を重視する米国の理念が形になったものと言うことができる。

しかしこれらの規定には制約が課せられていた。非自治地域に関する宣言はその目的の実現を「この憲章の確立する国際の平和及び安全の制度内で」とし、しかもその目的には「国際の平和及び安全を増進すること」が盛り込まれていた。「国際の平和及び安全を増進すること」は、さらに信託統治制度の目的の筆頭に掲げられ、「信託統治地域が国際の平和及び安全の維持についてその役割を果たすようにすることは、施政権者の義務である」とまで規定された。そして信託統治領内に戦略地区を指定することができ、戦略地区に関する任務は安全保障理事会が行うこととされた。

自治を得ていない人々が自治を得ることと「国際の平和及び安全」は直接は関係がない。そして憲章が民族自決を重視したからこそ、安保理、経済社会理事会とともに信託統治理事会が設置されたはずだった。ところが、民主制の根幹をなすはずの自治は「国際の平和及び安全の維持」、つまり軍事力を背景にした平和という時代精神の枠の中に押しとどめられたのである。それは時代精神が掲げた目的の優先順位を示しており、米国がその後も太平洋で核実験を続ける根拠だった。しかし米国がこの地域で核実験を始めたのは、この地域を信託統治領とする八カ月半前のことだった。時代精神の最大の矛盾がここにあった。

四六年一二月一四日、総会が決議四一を採択し、安保理に対して「軍備及び軍隊の全面的規制及び削減のための基礎となる実際的な措置の策定を速やかに検討する」よう勧告をする。これに基づいて四七年二月一三日、安全保障理事会が通常軍備委員会を設置し、その構成を原子力委員会と同じものとした(1)。太平洋に時代精神の矛盾が押しつけられる中で、軍縮に関する協議は核兵器および通常兵器とともに大国の管理下に置かれた。

### 軍縮委員会の設置

軍縮問題に関して二つの機関が併存する状態についてはさまざまな立場から問題が指摘されたが、特に米国がその統一を主導した。五回目の国連デーである一〇月二四日にトルーマン米大統領は総会で演説を行い、次のように述べた。

「各国の協調が平和を守るという考えは人々の心の中の夢だった。現代においてその考えを作り上げたのがウッドロー・ウィルソンである。四五年一〇月二四日に発足した国連はその夢を現実のものにするための最高の進歩である。……今も新たな大国際戦争の恐怖が全人類の希望に影を投げかけている。この恐怖は各国間の緊張から、そして朝鮮での公然たる侵略の勃発から発生している。……このような状況では、国連が平和を守るための効果的な機構であろうとするのならば、侵略を抑えるために加盟国の集団的な力を使う以外選択肢はない。そのために国連は軍事力の行使に備えなければならない」。「五年近くの間、国連の二つの委員会が軍縮問題に関して活動してきた。……これまでこれらの委員会は主要な大国間で合意を得ることについて成功しなかった。……私は、これらの委員会の活動を今や密接に統合する方法を探ることが有益と確信する。新しくかつ統合された軍縮委員会を通じてその活動が将来遂行されれば、活動は再活性化する可能性が考えられる」[(2)]。

ここで言及された軍事力行使のために国連が備えることが、一一月三日に採択される平和のための結集決議である。軍縮関係委員会の統合はそれと組み合わされて提案されたのである。

一二月一三日、この二つの委員会の調整と統合に関して報告をするために、総会は安保理理事国とカナダによる委員会の設置を決めた[(3)]。これを受けて、五二年一月一一日に総会が安保理の下に軍縮委員会（Disarmament Commission）を設置し、総会の下にあった原子力委員会を解散し、安保理に対しても通常軍備委員会の解散を勧告した[(4)]。組織の垣根と権限を飛び越えた荒技だったが、これにより軍縮に関する統一的な機関が初めて生まれ、また「軍縮（disarmament）」の文字が国連の機関名に登場することになった。その後、軍縮委員会は五四年に米英仏ソとカナダによる小委員会を設置するが、ソ連の権限を五分の一の立場にとどめる意味も持つこの措置にソ連は当然に反発した。ソ連は構成国の東西均衡を主張して小委員会をボイコットし、五七年九月を最後に審議は中断する。これは特に米国のソ連に対する駆け引きの過程だったが、同時に、核兵器の存在を知らせないままに時代精神から半ば排除した軍縮問題を合理化するための苦肉の策でもあった。

軍事力に関する議論はその行使と規制の両面があるが、平和のための結集決議を作って行使に関する権限を中小国が参加する総会に委ねる方途を拓いても、現実に軍隊を提供するのは大国にほかならない。そして朝鮮半島では米軍に国連軍の名を与えることに成功しており、NATOなどによってすでに非国連化が進められている。したがって中小国の関与は限定的にならざるをえない。極端に言えば、中小国には米国などに対して軍事力行使のお墨付きを与えるだけの役割しかない。

しかし軍縮に関する議論においては立場が逆転する。軍縮を実行しなければならないのは大国であり、中小国がそこに参加することは。大国に対する中小国の発言が増加することしか意味しない。一方で軍事力の行使に関する総会の権限を拡大しつつ、軍縮に関する議論については参加資格を制限し続けた背景だった。さまざまに名前を変えたにせよ、大国による軍縮問題の管理状況が続いていたことに変わりはなかったのである。

このような状況には反発が募った。特に、五五年に一六カ国が一度に国連に加盟して以降、加盟国数が増加する中でこの動きは顕著になる。五七年一一月一九日には、五八年一月一日より軍縮委員会の委員国数を一四カ国増加させる決議が成立した(5)。提案国はカナダと日本で、のちにインド、パラグアイ、スウェーデン、ユーゴスラヴィアの六カ国が加わった(6)。

投票に先だって、アイスランドは次のように述べている。「この（軍縮に関する）協議は主に大国の間で行われており、そこに突進することは、わが国のような小国には実は喜ばしいことではないが、軍縮委員会の構成に関するわれわれの見解をお知らせしたい。現在まで安保理理事国とカナダのみが委員国である。カナダは五八年より安保理理事国となることから、今決定しなければ、新年からは軍縮委員会の委員は一一カ国になってしまう（7）」。中小国が大国に向かう際に抱える躊躇であり、また不満だった。

委員会の拡大に対してソ連は反発を示した。「委員国の多数は西側諸国の主導の下にある国である」というのがその理由で、委員会の活動に参加しないことを表明した（8）。このためユーゴスラヴィアは、提案国に加わりながら、「ソ連代表が今朝行った声明は、この委員会の構成案が軍縮交渉の一方の勢力に受け入れられないことを示して」おり、「妥協を求める努力が実らなかった」ことから、「投票には参加せず、提案国の一員ではいられない」と表明することになる（9）。ソ連は、米国が中間委員会やＯＥＥＣを創設した際と同様の警戒を当時なお抱いていたのである。

## 逃げていく軍縮交渉

しかし国連の枠内では軍縮交渉は行われなかった。これを受けて五八年一一月四日には五九年より軍縮委員会の委員国数を暫定的に全加盟国に拡大することが決められる（10）。これが正論であるだけにもはや反対する国はなく、賛成七五、棄権三で採択された。この決議採択時の加盟国数は八二カ国だった。五七年まで一一または一二カ国だった軍縮協議に参加できる国の数は、一年で約七倍に増加したことになる。一年後の五九年一一月二一日には、前年暫定的に決められた全加盟国の参加をその後も継続することを決定した。

ところがすべての加盟国が参加できるようになったのと同時に、米英仏ソの四カ国は新たな動きを示した。五九年九月七日、四カ国は共同声明を発表し、東西両陣営一〇カ国による軍縮に関する協議機関を設置することを発表し、その性格と目的を説明するために軍縮委員会の招集を求めたのである。この共同声明は翌日付で軍縮委員会文書として配布された[11]。そこではこの新たな軍縮委員会（Disarmament Committee）の性格ははっきりされていなかったが、一〇日に開催された軍縮委員会の席上で説明したロッジ米国連大使は、これが「国連の枠外で設置」されることを明言した[12]。共同声明は、「軍縮問題が全世界の関心を集め、また関係することは国連憲章が認めている。したがって、全面軍縮に関する最終的な責任は国連にある。軍縮委員会の設置は軍縮分野における国連の責任を侵害または減少するものではない」と表明していた。それにもかかわらず、自らの言葉に逆らうように国連の外に新機関を作ったのである。この矛盾は、「この委員会を立ち上げるに当たっては、合意の基礎を見つける特別な責任が大国にあることを考慮した」として、合理化された。その上で、「これらの協議において達成された結論が、国連における軍縮の検討のための有益な基礎となることを四カ国政府は希望する」、「この委員会の協議の進展は国連軍縮委員会に適切に伝えられ続けることが、四カ国政府の意向である」、「四カ国政府は新委員会に適切な支援を提供するよう、国連事務総長と協議する」などとも述べた。

国連軍縮委員会において各国代表の発言の口火を切ったのはビルマのウ・タントだった。彼は五七年からビルマの国連大使となり、この年の総会では副議長を務め、ハマーショルドが六一年に殉職したのちには事務総長に選出されることになる。彼は次のように述べた。「今日の軍拡競争は平和と安全に対する最も重大な脅威である。……大国間の違いはもはや力によって解決することはできない。今後、（人類の）生存と両立する唯一の解決方法は話し合いと紛争の平和的解決である。……この問題は国連の最高の試練であり、国連の存在を意義づけるものと言うことができる。……すべての国連加盟国が初めて軍縮委員会の委員となり、現代の最も重要な問題の研究と解決に関して協力する機会を得た」(13)。軍縮委員会の拡大が、大国を中心とした軍事力による平和という時代精神に対抗するものであることが、はっきりと示されていた。

共同声明に関してインドやユーゴスラヴィアなど七カ国が決議案(14)を提出するが、そこで言及されたのも、大国が協議を再開したことや国連軍縮委員会に報告する意向が示されたことへの歓迎であり、新たな委員会の立ち上げについては直接言及されなかった。この決議案は同日採択された。

共同声明の発表に先つ五九年七月一日、米国国務省のウィルコックス国際機関担当次官補が、ハーター国務次官の「全面軍縮についての協議が進展する方法を検討するようにという要請」に応じて覚え書きを提出していた(15)。ここでウィルコックスは三つの選択肢を示している。第一は参加資格が制限されている安保理の枠組みの中で軍縮協議を行うことだったが、これについては、「ロイド（英外相）は軍縮問題を安保理が取り上げるようにする可能性を提案している。過去に理事会がこのような議論に取り組んだことがあるが、理事会の構成がソ連にとって好ましくないために、これに関する西側の主導はソ連に受け入れられそうもない。もちろん、確かに現在の軍縮委員会は安保理と総会の双方に報告するが、特に近年総会が採択した軍縮に関する決議に照らすと、理事会に（問題を）移すことが、われわれが（当時の全国連加盟国である）八一カ国軍縮委員会（前年の五八年にギニアが加盟し、国連加盟国はこの時点で八三カ国になっていた）において反映された幅広い関心を回避しようとしていると解されるだろう。全面軍縮交渉を主導し、適当な小委員会を通じて進展させる場としてソ連が安保理を選ぶとも思えない。しかし、東西間の合意があればそのような措置も可能であり、米国も受諾可能だろう」と説明している（かっこ内はいずれも河辺による）。

第二の選択肢は、全加盟国が参加する軍縮委員会で行うことだった。軍縮委員会の拡大が「圧倒的多数」により支持されたことから、「軍縮委員会を選ぶことは心から支持されるだろう。そして、われわれの同盟国および中立諸国の両者から肯定的な協力を得られるだろう」とされた。第三は「国連の枠組みの外」で行うことで、「東西間で合意ができれば、全体として世界にとって満足できるだろうが、国連加盟国の多くはおそらく国連の中での問題追及を選ぶだろう」とされた。

全国連加盟国が議論に参加するというこれまでにない事態に対して、英国が従来の枠組みの維持を求めた一方で、米国国務省内には国連総会と米国の姿勢が矛盾するものではないという認識が未だにあったのである。しかし少なくともこの文書による限り、最も国連との関わりを小さくする選択肢が採用されたことになる。

## 2 連合州と連合国の間の矛盾の拡大

### 強制力のない国連決議

すでに五九年三月四日付で国務省国際機関局は「国連新加盟国の加盟許可」と題した文書を作り、「米国が国連で得ていたいかなる『自動的多数派』ももはや消え失せた」と断じていた(16)。ウィルコックスのメモによれば、これはダレス国務長官の要請に基づいて作られていた。

一方ロッジが二月二六日付でウィルコックスに宛てた書簡では、「私も、新加盟国の加盟を低下させたり制限するための現実的な方法はないと思う。しかし新加盟国がすなわちわれわれにとって悪いことだとは思わない。このことを有利に使うこともできる」。「加盟国の増加により雰囲気がソ連寄りになるとは思わない」。ただし、「将来、(総会において重要事項を決定するのに必要な)三分の二の票を得るために原則問題に関して妥協するよりも、重要問題に関して国連が何の行動もとらない方を選ぶことに備えるべきだということには賛成する。国連がすべてを『解決』しなければならないとする考えを、私は大変にナイーヴなものと考えてきた」。「私は常に強調してきたのは、国連の決議は純粋に勧告的なものであるという事実である(17)」と述べていた。翌六〇年五月に国際機関局が作った「第一四回総会および将来の国連の見通し」と題する文書では、「われわれが少数派になることが増える時代に抗するには、総会決議を道徳的に束ねる力をもつものとするよりもその勧告的な性格を徐々に強調し始めるべきである」と言うようになる[18]。総会決議は勧告的なものだから強制力はないとの言葉は、その後日本政府も繰り返すようになる。

米国にとっては、国連が理念だからこそ、それへの支持も反発も強くなる。この頃は反発が表面化しつつあると同時に、醒めた目に転じ始めていたのである。それは、理念としてではなく、単なる政治的な道具とする国連観と言いえる。ただし、国連が「アメリカ」を世界化したはずであるとすれば、ロッジのような醒めた見方の登場は、反発以上に根本的な認識の転換を物語っていた。

## アフリカ諸国の躍進

六〇年、国連は一七カ国の新加盟国を迎える。そのうち一六カ国はアフリカ諸国が占めた。これにより、それまで国連において最小グループだったアフリカ諸国は一挙に最大グループに躍り出た。

これに対してヨーロッパ諸国は警戒を強める。六〇年一一月の米国国務省とイタリア大使との会談では、イタリア大使が、私的な見解とことわりつつも、「コンゴ問題に関する最近の総会における混乱した展開と、ポルトガル、ベルギーまたはフランスがそれぞれの植民地およびアルジェリア問題に関する総会の対応に対する腹立ちから、活発な国連参加を止めることを決めかねないことを指摘」するに至る。そして「総会の行動がさらに悪化することおよびアフリカ・アジア諸国による総会支配が拡大することを西側は現実に座視することができるのか否かと問いかけた」。

これに対してマーチャント政治問題国務次官は「新たなアフリカの指導者たちが国連の手続きに関して経験を積み、ナイジェリアおよび新たなフランス語圏の国が他のアフリカ諸国に対して安定へ向けた影響力を発揮し始めれば、総会はより利用しやすく、かつ安定した機関になるだろうとして、あきらめるのは早いと述べた。マーチャント氏は、フルシチョフの行動も原因となったために最近の総会が一五年間で最も無秩序であることを認めながら、総会の有用性の悪化が続いていることが避けえないものとは思わないと述べ」、「問題を総会に持ち込むことを西側が慎重に避けること、そして他の勢力が『平和のための結集』決議の下で総会に持ち込むことをわれわれのブロック投票によって阻止することによって、安保理を再度強調することは可能」と返答した。

イタリア大使はこれに疑問を呈し、「安保理の拡大は避けられないと確信する。今この方向（安保理の拡大）で検討することが賢明だと思う。総会支配に向かうこの危険な傾向を減らす唯一可能な方法は、おそらくこれなのだから」と応えた(19)。

ヨーロッパの支配から脱して作り上げられた自由の国と自らを認識する米国と、なお植民地を抱え、米国に比べれば民主制への移行が遅れたヨーロッパ、また、理念を全面に掲げて国連の創設を主導した米国と、それに比べれば受動的だったヨーロッパ、そして、過去のものとは言えマッカーシズムの下で歪められたソ連に対する恐怖感も生々しい米国と、ソ連と陸続きにあるヨーロッパとの間では、前年の国務省国際機関局の示した見解にもかかわらず、少なくとも建前上はなお国際民主制に対する信頼に差があった、または差を表明せざるをえない状態にあったのである。米国から見れば、六〇年に国連総会に登場し、靴を脱いで机を叩いたフルシチョフの方が、アフリカ諸国の独立よりも大きな意味を持った面もあった。しかし、一〇年前に米国が主導してなされた安保理に対する総会のクーデターとも言うべき「平和のための結集」決議が、米国にとってはもはやその発動を防ぐべきものに変わっていたことも否定できなかった。

一二月一四日、総会は植民地独立付与宣言を採択する。アジア・アフリカ諸国四三カ国が提案したこの宣言は、その第一条で「外国による人民の征服、支配及び搾取は、基本的人権を否認し、国際連合憲章に違反し、世界平和と協力の促進にとっての障害となっている」と断じた。

時代精神たる憲章に掲げられた国連の目的は、国際の平和および安全の維持を最初に掲げ、次いで民族自決権を提示していた。憲章起草者たちの頭にあった時代精神は、大国が中心となって侵略者を認定し、軍事力を行使してそれを撃退するからこそ平和が守られる、そしてそこで保たれる秩序の中において民族自決や人権を保障するというものだった。ところが植民地独立付与宣言では、ヨーロッパの旧世界が植民地支配を続け、民族自決を否定するからこそ国際平和が達成されないとしている。独立付与宣言に並べられた個々の文言は確かに憲章からとられたものではあった。しかしそのベクトルは逆転していたのであり、時代精神を根底から揺るがす意味を持っていた。

### 米国と植民地独立付与宣言

この決議案に米国は棄権をしたが、これに対して、「なぜこのような投票をするのか。米国は植民地には何の問題も持っていないはずだ」（ガーナ）、「米国の棄権は理解できない」、「政治的に自殺をする気なのか」（ナイジェリア）、「米国は、アメリカの基本的な信念とは正反対の理念に公然と立ったように見える」（ソマリア）などと、アフリカ諸国は批判の声をあげた。米国から入植した黒人解放奴隷が建国を宣言し、米国と密接な関係を持つリベリアも、「（米国は）プロパガンダの勝利を理由もなくソ連に譲った」と述べた。ニュージーランドの大使ですら、棄権するようにとの訓令を本国から受けていながら、「ニュージーランドがその実態に反する印象を持たれることに耐えられないために」賛成する許可を得ようとしたと述べて、米国の姿勢に失望を表した。米国国連代表部は国務省に、棄権票が「驚きのため息で迎えられたことが聞き取れ、ささやき声が続いた」こと、そして「米国の投票説明は全くの沈黙で迎えられた。われわれは、どのような説明をしてもこの投票が残した評価を覆すことはできないとのコメントをいくつか耳にした」と報告することになる。(20)

本来、民族自決権について憲章に盛り込むことを主張したのはソ連だった。しかし米国も自らが植民地支配と戦った経験を持ち、王権を否定し、自由と民主制に最大の価値を置くからこそ、時代精神たる国連憲章に民族自決の重視や、人種、宗教、性などの差別の否定を書き入れることを認めたはずだった。さらに世界人権宣言の採択に力を入れ、四八年の国連総会で採択させた。その第二条では「個人の属する国又は地域が独立国であると、信託統治地域であると、非自治地域であると、又は他の何らかの主権制限の下にあるとを問わず、その国又は地域の政治上、管轄上又は国際上の地位に基づくいかなる差別も許されない」とまで言い切った。その地域の法的性格とそこに属する個人の人権を分離したのである。事実上の植民地の否定だった。そしてその国連に強制力を与え、さらにその強制力を安保理から総会に移すことまで行った。米国が、国際的民主制と国内的民主制の間に根本的な対立が生じることはないと認識したからだったが、現実には一五年もたたずに深刻な矛盾を迎えたのである。見方を変えれば、米国がそのような矛盾を十分には認識していないからこそ、世界人権宣言を理想的な文書として作り上げることが可能だったと言える。

## 骨抜きにされる軍縮交渉

第一五回総会の開会に先だって五月に国務省国際機関局が作成した文書では、「国連加盟国数が増加するにつれて、米国にとっては安保理の利用を拡大する方が好ましいかもしれない。一般的に言って、われわれの安保理における投票上の立場の方が拡大する総会における立場よりもましになることがありうる」。「小国間の紛争では、これを限定的かつ地域的なものにとどめることについて米国とソ連は類似した利害を持ち、安保理は特に有用であり続ける」[21]と述べていたが、それが現実になったのである。米ソは対立しつつも大国としての利害を共有していることを認識し始めていた。

さて、五九年に四カ国が設置を表明した軍縮委員会は六〇年三月から審議を開始したが、六月二七日には東側諸国が退場し、早くも行き詰まった。これを受けて、七月二五日に、一〇カ国軍縮委員会への米国代表団長イートンがハーターに「ソ連との実りある軍縮協議は二国間交渉によってのみ可能」と書き送った[22]。

六一年一一月二八日、総会は米ソに軍縮交渉機関の構成について協議を求めた[23]。これに応じて両国は、東西一〇カ国で構成されていた軍縮委員会に非同盟諸国八カ国を加えた上で再設置することを共同声明として発表した。総会はこれを受けて、一二月二〇日の総会は「軍縮委員会の構成に関して達せられた合意を承認（endorse）」し、事務総長に対して便宜を図ることを要請した[24]。決議案の提案国は米ソ二カ国だった。これまで合意ができなかったメンバーの構成が決着したのである。

ソ連が軍縮関係の機関のメンバー構成を一貫して問題にしてきた背景には、その機関で多数決による採決を行うことを前提としていることがあった。その機関で採決を行うのであるのならば、その採決が自分にとって有利になるようなメンバー構成としなければならない。その機関の採決が拘束力を持たないとしても、対立する勢力が都合良くそれを利用することが十分にありうる以上、これは深刻な問題となる。ましてやその採決が加盟国を拘束する場合は言うまでもない。自国に有利なメンバーを揃えることさえできれば、問題は半ば決着を見たと言ってもよい。国内政治において、選挙に勝利して議会の多数派を制することができれば、他の問題は些末なことになるのと同様で、自国に不利な構成の機関での協議を容認することは、選挙に負けた状態から話を始めることに等しい。この時点までの軍縮交渉は、軍縮の実質問題に入らず手続き問題に終始したと言われることがあるが、それは民主的な採決を前提にしていたからこそだったと言うことができる。

逆に言えば、採決を行わないのならば、または形式上はそのような体裁を保ったとしても実際的にはそれを想定しないのならば、その機関の顔ぶれは大した問題ではなくなる。そしてすでに米国政府の中からも米ソの直接対話を選択肢としてあげる動きが出ており、「総会支配」に対する懸念が強まっていた。そのような中で提示されたのが、一〇カ国構成よりも米ソの発言力が低下する一八カ国委員会だった。一〇カ国委員会自体が軍縮問題を非国連化する意味があったが、そこにあえて非同盟諸国を参加させたことは、「実りある軍縮協議は二国間交渉によってのみ可能」とする認識を米ソ双方が持っていたことを意味した。一〇カ国委員会が、この委員会自身を軍縮交渉中心に据えることにより軍縮問題を非国連化させるものだったのに対して、一八カ国委員会ははじめから中心的な活動を期待されていなかったことになる。それは、総会、つまり民主的だからこそ批判しにくく、数年前までは米国自身がその強化に躍起になっていた機関が力を持ち始めていた国連から軍縮問題を切り離そうとするだけではなかった。一八カ国委員会という限定的な民主制からも切り離し、この問題を米ソが中心となって独占することを表明したのにほかならなかった。ここに、すでに非国連化が完成していた軍事力の行使に続いて、軍事力の管理に関しても非国連化が完成した。軍事力に裏付けられた平和という時代精神はその行使と管理の両面で非国連化したのである。そしてこの一方で、全加盟国が参加できるようになった国連の軍縮委員会の活動は、休眠化する。

### 全会一致導入の意味

この一八カ国委員会が現在のジュネーヴ軍縮会議につながる。これは「唯一の多国間交渉機関」

などと呼ばれ、一部の国連機構図では総会と点線で結ばれるような奇妙な位置づけにあるが、その意味が必ずしも十分には理解されているとは言い難い。例えば、ジュネーヴ軍縮会議手続き規則第一八条は、「会議はその運営及び決定の採択をコンセンサスによって行う」としているが、このことについて、安保理に比べて民主的であるように論評されることがある。しかしこれが多数決を採用する総会に対抗するための機関だったことを考えれば、全会一致を導入した意味は容易に理解できる。軍縮の対象が大国である以上、これは大国に拒否権を与えたことにほかならなかったのである。米ソ二国間交渉においては両者が合意しなければ決着はありえないが、それと同様の状態が作られたことになる。またこの多国間「交渉」機関とされたことも、名目上は国連における審議に寄与するためのものとされたが、実質は安保理や総会が決定機関であることを念頭に置いたものだった。全会一致による交渉機関ということの意味は、軍縮問題から決定機能を切り離すことを意味していたのである。軍縮問題の非国連化には、問題そのものを国連の外におく意味とともに、決定機能を交渉機能に切り替える意味もあった。この点で、軍縮会議に関する議論には、問題の背景を理解していない、またはあえて背景に言及しないものが多い。

当然のことながら、先進国が改めて多数派を形成しうるようになると事態は変化する。九六年に、先進国が主導して包括的核実験禁止条約をジュネーヴ軍縮会議において採択しようとした際に、インドの反対によって成立しなかったことは、この一例である。この結果、多数決で決する総会で採択されることになった。ただし、国連創設当初のように先進国が絶対的な多数派を形成しえたわけではなかった。またこの頃から米国において保守派が力を増し単独主義の色彩が強まることにより、この多数派は一時的なものに終わっている。

またこれをとらえて、冷戦期には全会一致制もやむをえなかったが、冷戦後は問題であるとする見解が多く示された。しかし、政府関係者などがそのように主張するのであるのならばともかくも、中立の学術的な立場でなされているとすればそれは単純だと言わざるをえない。政府や政治家の立場からすれば、自らの主張を実行する上で、その時に応じて都合のよい制度を選択を試みるのは当然のことだろう。極端に言えば、国内の選挙において、その時の情勢に応じて選挙制度や選挙区の区割りを恣意的に変更することができれば、政府にとってはまことに都合がよいだろう。もちろんこれは権力の横暴にほかならず、許されることではない。ましてや学術的な立場にある者が主張することには大きな問題がある。同様のことは国際機関についても当てはまるのである。

### 核使用禁止宣言

さて、これと併行して総会は歴史的な決議を採択した。一一月二四日に採択された「核兵器及び核融合兵器の使用の禁止に関する宣言」である。[25] ここで総会は、国連史上初めて「核分裂及び核融合兵器の使用は国連の精神、字義及び目的と相容れず、国連憲章の直接に違反」し、「国際法及び人道法による支配と相容れず」、「敵に対するのみならず人類全体に対する戦争」と宣言した。提案国は独立を遂げたばかりのアフリカなどで、採択結果は賛成五五、反対二〇、棄権二六、反対は西側諸国だった。六一年の総会で投票により採択された決議は六四あったが、反対が二〇を越えたのは、中国代表権と非自治地域の情報調査の二つ、賛成が五五を下回ったのもハンガリー問題と国連の行財政手続き問題の二つだけだった。これは、この総会で最も賛否が分かれた問題だった。

核兵器の非合法化が推進された直接の理由は、フランスがサハラ砂漠で行った核実験だった。フランスは五九年に核実験を行うことを表明しており、総会が実験を控えるよう求めたにもかかわらず、六〇年二月一三日に実験を強行したのである。この年に国連の最大グループに躍り出たアフリカ諸国はこれに怒りを隠さず、アフリカの非核化宣言と同時に推進したのがこの宣言だった。一一月八日、政治問題を扱う総会第一委員会で決議案の提案説明をしたガーナは、「この決議案の目的は、アフリカを非核化された中立地帯として核実験のない地域であることを保証することである。これは難しいことではない。サハラで核実験を四回行ったフランスを除きアフリカには核実験を行おうとする勢力はなく、アフリカは統合的な領域単位を形成する大陸なのだから(26)」と述べた。

「国際の平和及び安全の維持」と民族自決の間の方向性を逆転させた動きは、「国際の平和及び安全の維持」の根底をなすはずの軍事力、そして軍事力の縮小に関する規定と核兵器の間の矛盾にも直接に及んだのである。そして本来ならば脇役である中小国が、「国際の平和及び安全の維持」の実現機関である国連の中心に位置し時代精神を実現する責任を負うはずの大国に対して、時代精神に反し国際平和を脅かすと言い切ったことになる。そこには、四年前に軍縮委員会を拡大した際にアイスランドが示した躊躇はなかった。しかもそれはそれまで米国がソ連に対抗するために利用してきた民主制を活用して行われた。米国の理念を普遍化したはずだった時代精神が自らに立ち向かってきたことになり、米国から見れば、軍縮問題を非国連化するのみならず、民主制からも切り離さなければならない理由がまさに迫っていたことになる。

## 核保有正当化の法体系完成

六三年八月五日、部分的核実験禁止条約が米英ソにより署名されたが、これは一八カ国委員会ではなくこの三カ国の直接交渉によってなされた。六二年三月一四日に第一回会合を開催した一八カ国委員会は、ここに関与することはなかったのである。この条約は核兵器に関する初めての実質的な取り決めだったが、それが一八カ国委員会をバイパスして作られた点に、この委員会が実質的な交渉または決定を行うために作られたのではないことがはっきりと表明されたことになった。

その五年後の六八年には核不拡散条約がやはり米英ソの直接交渉により作成され、七月一日に署名された。部分的核実験禁止条約は、地下による核実験のみを認めるもので、それまでに核実験に成功していない国が新たに実験を行うことを困難にさせる。その条約を先行して作り上げて、事実上、新たな核保有国が登場できないようにした上で、六七年一月一日よりも前に核実験を成功させた国のみに核兵器の保有を認めると同時に、他の国が保有することを明示的に禁じる条約を作ったのである。両条約により、大国による核兵器保有を正当化する法体系が完成したことになる。

本来であれば、国際平和を「正義及び国際法の原則に従つて実現すること」（憲章第一条第一項）

を目的とするのが国連であり、総会の目的には「政治的分野において国際協力を促進すること並びに国際法の斬新的発達及び法典化を奨励すること」が盛り込まれていた（第一三条）。しかし国連憲章が重視していなかった軍縮、そして憲章が想定していなかった核兵器に関する法典化に、国連は全く役割を演じなかったのである。これが軍縮問題の非国連化が目指したことだったことになる。

全国連加盟国が参加できるようになった国連軍縮委員会が休眠状態になったことに加えて、一八カ国軍縮委員会もバイパスされ、軍縮交渉の独占化が進んだことに対して、これに関わることができない諸国の不満は高まる。六九年七月三日、一八カ国軍縮委員会に日本とモンゴルを入れることが決められるが、東西陣営に属する二カ国を参加させることは相対的に開発途上国の力を低減させるものにほかならなかった。これを受けて、六九年八月七日には、軍縮委員会をさらに拡大し計二六カ国にするとともに、軍縮会議（Conference of the Committee on Disarmament）に改称された。

同じ六九年に始まったのが米ソの直接交渉であるＳＡＬＴだった。それまでの軍縮交渉のあり方から見れば、この直接交渉は第三者の発言を完全に封じたものと言うことができた。非国連化の行き着いた先だった。時代精神の根幹をなし、国連憲章が筆頭に掲げる「国際の平和及び安全の維持」と、具体的ではないが時代精神のあり方をよく示す四番目の目的である「これらの共通の目的の達成に当つて諸国の行動を調和するための中心となること」の間の乖離が決定的になったのである。

## 3　経済の非国連化のグローバル化

植民地支配に苦しんでいたアジア・アフリカ諸国が、植民地独立付与宣言の採択についで重視したのは経済問題だった。六一年九月に開催された第一回非同盟諸国首脳会議においても貿易が問題となり、その提案に基づいて国連総会は事務総長に対して貿易開発会議を開催する可能性についての検討を要請し、(27) さらに六二年には経済社会理事会がこの開催を決議し、総会も「互恵的な国際貿易は諸国間の近隣関係の確立の良い土台を生み出し、平和の強化を助ける」として、国連貿易開発会議（UNCTAD）の開催を決定したのである。(28) これに関して、地域経済委員会は貿易問題に関して審議を行い、決議などを採択するが、ECEもその例外ではなかった。(29)

### OECDの発足

ここで西側諸国は経済社会問題の非国連化をさらに進めた。OEECを発展させた機関を作ることが五九年に提唱され、六一年に経済協力開発機構（OECD）として発足したのである。OECD条約はその目的を「(a) 加盟国において、財政金融上の安定を維持しつつ、できる限り高度の経済成長及び雇用並びに生活水準の向上を達成し、もって世界の経済の発展に貢献すること。(b) 経済的発展の途上にある加盟国及び非加盟国の経済の健全な拡大に貢献すること。(c) 国際的義務に従つて、世界の貿易の多角的かつ無差別的な拡大に貢献すること」「を意図した政策を推進すること」とした。ヨーロッパにおける経済政策を非国連化し、ソ連の力を奪うための機関だったOEECが、地域の限定と戦後復興という目的の限定を乗り越えてグローバル化されたのである。

ただし、OECD条約の前文が、「経済的な力及び繁栄が国際連合の目的の達成、個人の自由の擁護及び一般的福祉の増進のため不可欠なものであることを考慮」するとし、「一層広い協力が世界の諸国民の間の平和的かつ協調的な関係に重要な貢献をすることを確信し」、「これらの国が参加している他の国際的な機関若しくは制度におけるこれらの国の義務又はこれらの国が当事国になつている協定に基づくこれらの国の義務に合する方法によつて前の目的を達成することを決意」するとしたように、ここでも国連に正当性が求められた。新たな動きの根拠はなお時代精神だった。

しかしそれが国連の目的達成のために不可欠である事柄であるのならば、OECDが掲げる目的の実現は国連においてなされるべきであり、もしその目的が国連の既設の機関では対応できないものであるのならば、OECDは経済社会理事会の下の委員会または専門機関として作られなければならなかった。しかも、OECD条約は「経済的発展の途上にある加盟国及び非加盟国の経済の健全な拡大に貢献すること」を謳っている。そうであるのならば、なおさら「経済的発展の途上にある」大部分の国がOECD加盟国とされなかったことは奇妙なことだった。このことこそが、OECDが問題にしたことが、先進国から見た途上国の処遇だったことを示していた。

OECDの創設が提唱された五九年は、英国の国連大使や駐米大使を務めたのちにロイド銀行会長となったオリバー・フランクスが、「今までは東西間の緊張が支配的だった。現在、われわれは、同様に重要な『南北問題』に直面している。これは『東西問題』に関連しているが、それ自体が独立した同等の問題である」と講演し、南北問題という言葉を使用したことで知られている。(30)しかし、よく指摘されるように、フランクスは南北問題をアイデンティファイし、名を与えたに過ぎなかった。すでに軍縮問題や植民地独立問題において、南北間の対立、米国の理念と新独立国の間の矛盾は深まっていたのである。

そして同時に、米ソは対立しつつも共通の利害を認め始めていた。つまりOECDの創設は、非国連化の目的が、常任理事国として特権的な地位にあったソ連の無力化ではなく、開発途上国の無力化に変化したことを示していた。そしてそのことは、民主的でないソ連を民主的な機関から排除することとは異なり、民族自決と民主制を重んじる時代精神そのものが問われることも意味した。

もちろん同様のことは軍縮問題でも見られた。しかし軍縮問題は核兵器の存在をめぐって当初から矛盾を抱えており、その協議のあり方も問題を内包していた。しかもそれらの矛盾は、米国から見れば、民主制とは相容れない共産主義のソ連が一方の当事者だったために正当化されていた。これに対して経済問題は、ITOの創設が試みられたことに示されているように当初は理想的なままの国連化が想定されており、しかもECEに対してOEECを創設したその非国連化はソ連を対象にしたものだった。しかしOECDの創設はこれらとは事情が異なっていた。これらの意味で、経済問題における非国連化は軍縮問題に比べてより深刻な意味を持ったのである。

また当時の国連はこの分野で活発に活動しており、かつて国連化されなかった貿易を改めて国連化しようとしていた。時代精神の建前に従えば、ＯＥＣＤは屋上屋を重ねる意味のないものだったことになるが、もちろんそうではなかった。経済問題が重要であり、ＵＮＣＴＡＤに象徴される動きがあったからこそこれを非国連化し、かつグローバル化したのである。

## ＯＥＣＤとＵＮＣＴＡＤの対称性

ＵＮＣＴＡＤ開催に先だって、ボール米国務次官がケネディ大統領に覚え書きを提出しているが、大統領向けの簡潔な文書だけに米国の見方がよく示されている。ボールはＵＮＣＴＡＤの背景を次のように説明している。「この会議は二つの勢力、すなわち、ＧＡＴＴを主要貿易国が管理するその利益のための道具と見なして不満を持つ低開発国と、主に政治的な目的からＧＡＴＴを弱めようとする、ソ連の戦略的利益の結果である。低開発国のＧＡＴＴ嫌いは長年にわたって培われてきた。多国間の自由貿易というオーソドックスな考えの否定に基づく競合機関に関しては長い交渉が行われてきたのである。……一九六二年七月の経済社会理事会の会議で、米国代表はこのような会議を阻止できないことを決心した。……時がたつにつれ、この会議が低開発国の貿易問題に焦点を当てるものとなることが明らかになった」。そして、米国が「優先問題に取り組む戦略案」の筆頭に、「ＯＥＣＤの会合において、われわれは、米国政府が開発途上国の輸出増加という難しい問題の解決を長い間にわたって主導してきたことをはっきりさせる」ことを挙げ、覚え書きの最後で、「Ｇ

ATTを特別の利害のための討論の場に変えようとする動きや、いっそう拡散した機関にとって変えようとする動きから、われわれはGATTを守ることに注意しなければならない[31]」と、非国連化の対象がソ連から開発途上国に変わったことが明言された。まさに、「世界最大の国際政治問題であった東西問題ももはや解決不可能の深刻な問題とは考えられなくな」り、「南北問題が東西問題に入れ替わり、世界の舞台に大きくクローズ・アップされることとな[32]」ったのである。先進国が「主としてOECDの場を利用して[33]」対応を行ったこともOECDとUNCTADの関係をよく示していた。

しかし、このような米国のもくろみにもかかわらず、UNCTADは常設機関として設置される。その際の決議は、「既存の国際機関の活動を国連貿易開発会議で検討した結果、貿易およびこれに関連した開発問題の全般を扱う上でのこれらの機関の行った貢献および制約の双方を認識し、……開発途上国の間にみなぎる包括的貿易機関への願望に留意[34]」すると述べているが、その意味は明らかだった。貿易問題は国連化されず、つまり強い力を持つ民主的な国際機関の下で統合されることのないままに、暫定的に発足したGATTが対応していたために、結果的に、現実の貿易において力を持っている諸国の意向が強く反映するものとなっていた。しかもOECDが発足することにより一層の非国連化が進められた。開発途上国は、そのような状況に対して「包括的貿易機関」の創設を求めたのである。それは貿易問題の国連化にほかならなかった。

このような問題の背景は、OECDとUNCTADの加盟資格の違いによくあらわれている。前者の加盟資格がきわめて限定されているのに対して、後者は全国連加盟国などに拡大されている。またUNCTADの中核組織である貿易開発理事会の理事国数は当初五五とされ、規模が大きい。軍縮に関して、開発途上国などの要請によって国連の軍縮機関の参加国が拡大していった一方で、大国はこれに対抗して参加国を制限した場を次々に創設したことと同様だった。またOECDとUNCTADがその事務局長をともに事務総長（Secretary-General）と呼んでいることも興味深い。

これ以外にも、OECDの組織としてのあり方はUNCTADとは対照的である。OECDの「決定及び勧告は……、すべての加盟国の間の合意によって行なわれ」、「棄権した加盟国以外の加盟国に適用される」（第六条）とされ、いわばすべての加盟国に拒否権が与えられている。これは、全会一致を原則としていた国際連盟が第二次大戦を防ぐことはできなかったとの認識から、国連総会に多数決を導入し、また安保理の決定が全加盟国を拘束することを規定したことを否定したことになった。国連憲章に体現された時代精神は、そこに明記された目的とその目的を達成するための民主制から成っていたはずだが、そこから民主制が骨抜きにされたのである。

OECDについて、日本政府は「その活動形態は、加盟国間の交渉ではなく、意見及び情報の交換を主体としており、比較的自由な討議を通じて共通の認識を醸成し、各国の政策の調和を図ることを目的としており」、「OECDの諸会議は、理事会が合意しない限り、すべて秘密会とされており、その内容も公表されないことになっていますが、OECDの討議の以上のような特性からこれはむしろ当然のことと考えられ」[35]ると説明した。しかしむしろ次のように言うべきだろう。議論を公開で行い、時代精神の実現機関として具体的な決定を行うよう構想された国連では、安保理が加盟国を拘束する力を持ち、しかも平和のための結集決議によりその権限を総会が行使する可能性もある。これに対して、ＯＥＣＤは経済を非国連化するために作られたからこそ、その活動形態が国連とは対照的なものになったと。ジュネーヴ軍縮会議が全会一致をとったのと同様だった。

### 国連の二つの顔

ただしソ連を排除することと異なり、開発途上国を一概に排除するわけにはいかない。それでは米国が露骨に植民地主義的な姿勢をとることになる。そこで米国では、加盟国の増加を押しとどめるための理屈が検討され始める。五九年の総会を前に三月四日付で国務省国際機関局が準備した文書は、「国連加盟資格をより成熟した国に制限することまたは新独立国の場合は加盟プロセスを遅くすることは非現実的でありまたは望ましくない」ことから、それまでは「過去八年間に加盟した新独立国の場合、憲章上の義務を履行するその能力に関して真剣に考えられてはこなかった[36]」ことを問題にした。さらに翌六〇年五月の文書では、「アフリカ・アジア諸国がブロックで投票を行うことを防ぐために努力を向けなければならない」と言う。そしてそのために挙げられたのが、「①国連の活動を新独立国および新興国へ拡大、②二国間外交および経済的努力の強化、③二国間援助に比べて多国間援助活動がより効果的または経済的である場合、多国間援助計画を拡大」、などの方策だった[37]。ただしその米国自身がかつては「自動的多数派」の地位を享受し、またこの半年後にはイタリア大使に、「われわれのブロック投票によって阻止すること」を説くのである。

ボール国務次官がケネディ大統領に示した方向性は、この国連局の文書が提案した方策を通じて表出された。六一年にケネディ大統領は、六〇年代を「国連開発の一〇年」とし、国際協力により開発途上国の経済開発の推進を呼びかけた。これは南北問題の国連化のようにも思われるが、むしろ逆に、貿易の国連化の試みに対処するものだった。ＵＮＣＴＡＤに象徴される国連化が貧しき者による革命的行動だったとすれば、開発の一〇年は上からの妥協や懐柔、いわば白色革命だった。

このような非国連化の結果、国連には二つの顔が生まれることになった。国連憲章を見る限り、国連は大国を中心とした軍事同盟的な顔を持つが、これは現実化していない。これに対して、現実に展開しているのは非軍事的で経済社会分野への傾斜を強めている、中小国を中心にする話し合いの機関としての顔だが、これは必ずしも本来の構想とは一致していない。中心となる機関も、前者の場合は大国が特権的地位を享受する安保理を想定していたのに対して、後者では一国一票制をとり、各国が平等な権限を持ち、本来は強制的な措置をとる権限を持っていなかった国連総会となった。しかも総会を中心機関とする試みは発足直後から米国により推進されながら、六〇年以降は開発途上国がそれを主導する一方で米国はむしろこれを妨害するようになる。

問題を複雑化させたのは、本来とは異なる形で発展しているにもかかわらず、インドネシアが一時的に脱退を表明したことを除いて国連から脱退する国がなかったばかりか、加盟国が増加の一途をたどったことである。大国が国連を脱退した場合にこの強制力を備えた機関がどうなるのかは、朝鮮戦争に際してソ連かボイコットしていたことで明らかとなっていた。大国は国連の強制力が自国に向かってくることがないように拒否権を行使するために、国連を離れることはなかった。一方中小国は、国連に結集してその主張の実現を図ることができた。そして脱退する国があらわれなかったことは、本来構想されていたのとは異なる経済社会分野を中心とする国連の顔を各国が信頼したことを意味した。この法律上の姿と現実に展開する姿の落差、いわば「戦う国連」と「戦わない国連」の二つの顔をめぐる混乱は、二一世紀の現代の国連認識にまで続くことになる。

この唯一の例外が中華人民共和国だった。特権的な大国の地位を得た中国だが、蔣介石政権がすでに議席を得ているために、そこに席を占めることができない。他の開発途上国が国連に期待を寄せるのとは異なる状況に置かれたのである。インドネシアの脱退表明にも中国問題が影響していた。

注

(1) S/RES/18.
(2) A/PV. 295 paras. 21, 46, 61 & 68.
(3) A/RES/495.
(4) A/RES/502.
(5) A/RES/1250.
(6) A/L.231/Rev. 1 & Add. 1.
(7) A/PV. 718, paras. 89-90.

(8) A/PV. 718, para. 63.
(9) A/PV. 718, paras. 145–146.
(10) A/RES/1252.
(11) DC/144.
(12) DC/PV. 65, para. 74.
(13) DC/PV. 65, paras. 25–30.
(14) DC/145.
(15) FRUS, 1958–1960, Vol. III, pp. 745–748.
(16) FRUS, 1958–1960, Vol. II, p. 110.
(17) Ibid., pp. 105–106.
(18) FRUS, 1958–1960, Vol. II, p. 253.
(19) Ibid., pp. 443–445.
(20) 以上，FRUS, 1958-1960, Vol. II, pp. 460–461.
(21) Ibid., p. 255.
(22) FRUS, 1958–1960, Vol. III, p. 894.
(23) A/RES/1660.
(24) A/RES/1722 II, para. 1.
(25) A/RES/1653.
(26) A/C.1/SR. 1189, para. 2.
(27) A/RES/1710.
(28) A/RES/1785.
(29) E/CONF. 46/46.
(30) Oliver Franks, The New International Balans: Challenge to the Western World, *Saturday Review*,

Jan. 16, 1960.

（31）FRUS, 1961-1963, Vol. IX, pp. 622-627.

（32）外務省『国連貿易開発会議の研究――南北問題の新展開』世界経済研究協会、一九六五年、三～四頁。

（33）同前、七頁。

（34）A/RES/1995.

（35）外務省情報文化局『ＯＥＣＤと日本』一九八二年、五頁。

（36）FRUS, 1958-1960, Vol. II, p. 111.

（37）Ibid., p. 255.

# 第4章　非国連化の行き詰まり

## 1　革命の勃発

### 国連加盟国の制限

米国政府内で問題になっていた加盟国の制限は、その後具体的に主張し始められる。いわゆる「極小国論」である。人口などが特に少ない極小国は国連憲章の定める義務を履行できず、そのような国が増加することは国連を弱体化させ、さらにこれらの国自身にとっても加盟が負担になる、したがって加盟を制限し、オブザーバーなどの地位にとどめるべき、などとするものである。

確かに、極端に人口が少ない国には、国としての存在や政府の能力に疑問がある場合が少なくない。これは先進国、開発途上国の区別なく当てはまることであり、例えば九〇年代前半に相次いで国連に加盟したリヒテンシュタイン、サンマリノ、モナコ、アンドラ（加盟順）などのヨーロッパ諸国は、人口はいずれも一〇万人以下で、面積も狭い。最小のモナコに至っては一・九五平方キロメートルしかない。日本的に言えば、近世以前に存在していた荘園、寺領、藩などがそのまま現在まで残ってしまったようなもので、これらの国はかつては外交権も近隣諸国に委ねていた。類似のことはやはり九〇年代以降加盟が相次いだ太平洋の島嶼国についても問題になろう。

これは、国とは何か、また主権平等とは何かという根本的な問いにも関わり、こうしたことを理論的に問題にすることに意味がないわけではない。しかし六〇年代の「極小国論」の論点は小国の増加ではなく、増加しているのが米国の姿勢に近い国か否かという点にあった。日本の近代においても他国と同様に、納税額を選挙資格とするのか否か、女性に選挙権を与えるのか否かが問題になったが、それと同様である。選挙民の増加が自らに有利に働くのであるのならば推進し、不利であれば押しとどめようとする、ただしそのような意図を露骨に表明するわけにはいかないので、理論的な体裁の下に提示しようとする、政治の議論の常に過ぎず、それ以上でも以下でもない。

この点で、例えば、日本が国連中心主義を提唱する過程に関わり、七三~七六年には国連大使を務めた斎藤鎮男が、「極小加盟国の乱造と反省」と題して理論的な装いをもって論じていることを、額面通りに受け取ることはできない(1)。政治的な思惑を秘めた主張を理論的な議論であるように繕って提示することこそ、政治における議論の常態なのだから。むしろ斎藤鎮男自身が述べているように、「拒否権は〝制度〟であって、われわれはあれは悪い制度だと非難することができた。だが絶対多数という物理的力は、非難するわけにはいかない(2)」ことが問題だったのである。そのことへの政治的な対応が六〇年頃から顕著になっていた非国連化であり「極小国論」だった。一方でその問題に対する国連の関与を弱めようとしつつ、他方で国連の状況が大国にとってこれ以上好ましくなくなることを防ごうとしたのである。方向性こそ異なるがその目的は同じだった。それは、総会をはっきりと批判できないからこその苦肉の策だった。

なお、実は国連発足時にすでに人口二八万のルクセンブルクなどが加盟しており、原加盟国五一カ国中、一〇〇万人未満の国は五カ国、九・八％に達していた。発足の翌年には四カ国が加盟するが、そのうちの一カ国は人口一三万のアイスランドで、「極小国」の比率は一〇・九％に高まった。一方、極小国が問題となり始めた六四年では、人口一〇〇万人未満の国は一一五カ国中一五カ国、一三％だった。発足時と比べて極小国が著しく増加していたのではないことも附記すべきだろう。

## 極小国加盟問題の終焉

しかしこうした問題もフィジーが七〇年に加盟したことで終わった。国連への加盟は安保理の勧告に基づく総会の決定によってなされるが、安保理において米国はフィジーの加盟申請を安保理の全理事国で構成する加盟審査委員会に付託することを強く主張し、さらにこの前年に、米国の提案により安保理が設置した極小国の加盟に関する委員会に付託することを求めたのである。「われわれは、フィジーが加盟すべきであることに疑問を持っていない。また誰も疑問を持っていないと私は確信する。しかしながら、憲章の手続きを再確立する適切な時期だと思う」ということがその理由とされた。(3) しかし、前記の諸国以外にも、キプロス、マルタ、モルディヴ、バルバドス、赤道ギニア、ガイアナなどの、フィジーの人口を下回る国がすでに加盟を果たしており、しかも安保理ではいずれも全会一致で加盟が決められていた。そのような中でのこの提案はきわめて唐突だった。また、安保理の公式会合において、全理事国で構成する加盟審査委員会への付託を要求し、しかも加盟自体には反対しないというのでは、加盟を引き延ばすための手続きの乱用でしかなく、この主張が顧みられるはずはなかった。結局これは賛成一〇、反対一（米国）、棄権四で退けられ（手続き事項なので拒否権は適用されない）、安保理は全会一致でフィジーの加盟を総会に勧告した。(4)

これはニクソン政権が初めて対応した加盟問題だった。七〇年は米国が国連創設以来初めて拒否権を行使した年でもあった。アフリカ諸国などが提案した南ローデシアと英国を非難する決議案に、英国とともに反対したのである。総会のみならず、安保理でも米国は少数派になり始めていた。

また、加盟資格を問題にできなくなったことを受けて、七二年、ロッジ国務長官は一国一票制を採用する国連総会に加重投票制を導入することを提案した。国連分担金や人口などを加味して投票数を決めるこの案は開発途上国の発言力を低下させることを狙ったもので、加盟資格を制限できないのならば、投票数を操作しようとしたのである。加重投票制は、すでに五〇年に、のちに国務長官を務めるダレスが提唱していたが、(5)自国の立場が弱くなる中で再提示されたことになった。

## 国連と米国間の矛盾の深まり

一方、西側諸国が警戒を露わにしてから一〇年余りが過ぎていた総会では、開発途上国が総会の主導権を握ったことがより鮮明に示され始めていた。総会は、新会期が始まるたびに各国代表団の委任状を審議するが、七〇年に南アフリカ代表の委任状が否決されたのである。そして一二月八日には、総会は「国連憲章に基づき、パレスチナ人が平等の権利と自決権を有することを認め」、「パレスチナ人の譲れない権利の全面的な尊重が、公正で永続的な中東の和平の確立において不可欠の要素であることを宣言(6)」した。また、重要事項の採決に必要な三分の二の賛成は得られなかったものの、中華人民共和国を支持する票が初めて過半数を上回った。

翌七一年一〇月二五日には、総会が蒋介石政権の追放と、中華人民共和国の議席の回復を決める(7)。かつてリーやジェブが朝鮮戦争の原因と考えた安保理が認めなかった中華人民共和国の地位を総会が覆したのである。平和のための結集決議を採択した直後の総会によって中華人民共和国が侵略者と認定されてから二二年近くがたっていた。

七一年は総会が、経済社会理事会の議席を五四カ国に拡大することを決定した年でもあった。理事会においても開発途上国の力が確立したのである。こうした動きは、米国の国際収支が悪化し、七一年に金とドルの交換が停止され、これがさらに石油ショックを導いたことを受けて、より活発化する。七二年には、中東問題に関して米国が初めて単独で拒否権を行使する一方、七〇年に安保理で多数を得ることができなかった南ローデシア問題に関して南アフリカとポルトガルへの制裁を求める決議案が総会で成立し、七三年には、米国はパナマ運河問題、南ローデシア問題、中東問題と三回拒否権を行使した。そして七四年には開発途上国が推進する新国際経済秩序宣言と国家経済権利義務憲章が総会で採択された。ドルショックと石油ショックに対する南からの対応だった。また、七〇年から委任状が否決されていた南アフリカの総会への出席が認められなくなり、アジア・アフリカ五六カ国の要請により[8]「パレスチナ問題」が国連総会の議題として二二年ぶりに復活し、この議題の下でパレスチナ解放機構(PLO)が総会に招請され、アラファト議長が演説を行い、PLOに総会オブザーバーの地位が与えられるに至る。これに対して、投票によって採択された総会決議に対する米国の賛成率は急落し、過去最低の二六・三%を記録した。かつての自動的多数派は絶対的少数派に転落した。一言で言えば、米国経済の破綻により上からの懐柔が十分にはできなくなった結果、革命が勃発したのである。この一方で、NPTが七〇年三月五日に発効し、七二年五月二六日には米ソがSALT IとABM条約に署名するなど、核兵器の非国連化が完成していた。

ここで問われた問題は、時代精神そのものに関わっていた。すなわち、中国のあり方、朝鮮戦争、パレスチナ問題、核兵器などは、軍事力に基づく大国中心の平和という時代精神の下で第二次世界大戦後に新たに生み出された問題であり、人種差別の否認という時代精神にもかかわらず容認され続けた南部アフリカの人種差別などの問題であり、非国連化されることで矛盾を深めていた国際貿易のあり方などの問題だったのだから。

これに対して米国は、国際民主制に背を向けて拒否権を乱用する国としての姿を隠れもないものにした。非国連化を推進したり、「極小国論」を唱えて、つまり有権者資格を操作して、国連における加盟国の状況を自らに有利にしようとするいわば小手先の対応は、もはや意味がなかったのである。しかし、国連における動きが民主的な手続きに乗っ取って進められる以上、米国はこれらを単純に批判はできない。国連は米国が反対するにふさわしい批判すべき対象、非民主的な機関でなければならなくなる。それは単に米国政府が国連を好ましくないと考えるだけではなく、米国民が広くそのように認識できなければならない。前述した出来事はいずれも二〇世紀における重要な問題に関わるが、そのような意味で重要か否か以上に、米国民の認識にとって鮮烈に訴える象徴的な事件が必要となる。その代表的な事例が七五年に総会が採択したシオニズム非難決議だが、ここでは特に七二年のテロリズム問題について観察する。この問題が、当時この問題に寄せられた関心以上に、その三〇年後に新たな意味を付与され、二一世紀から二〇世紀を見直す際に重要な問題となっているためである。しかもこの時の米国の国連大使はジョージ・ブッシュだった。彼は、この前年に中国代表権問題においてアフリカ・アラブ諸国と対決し、敗北を喫していた。そして七二年の国連総会が一二月一九日に閉会する直前の一一日に、共和党全国委員会委員長に就任することが発表され、ＣＩＡ長官を経てレーガン政権において副大統領となって反国連政策や中東問題などへの強圧的な政策の推進に関わり、その後は大統領となってイラクに対して湾岸戦争を指揮することになる。さらにその息子はテロリズムとの戦いを唱えてアフガニスタンやイラクを爆撃するのである。

## 2　テロリズムとは何か

### テロリズム問題の登場

一九七二年九月五日、ミュンヘン・オリンピックのイスラエル選手村をアラブ・ゲリラが襲撃、コーチが一人殺され、人質となった九人の選手も最終的に犠牲になった。ワルトハイム国連事務総長はこの事件を「卑怯者の行い」と非難する声明を出し、八日付で「罪のない人々の生命を奪いまたは基本的自由を危機にさらすテロリズムおよび他の形態の暴力の防止措置」と題する議題の上程を総会に提案した。ただし、提案説明書では「世界は増大するテロリズム行為に悩まされている」(9)と言うにとどまり、この事件には言及はしなかった。

八日、イスラエルはこの襲撃への報復としてシリアとレバノンの難民キャンプを爆撃し、約四〇〇人が死亡した。イスラエルの侵略問題は安保理に持ち込まれ、ギニア、ソマリア、ユーゴスラヴィア三カ国が決議案(10)を提出した。英、仏、ベルギー、イタリアはこの決議案に「中東におけるすべてのテロリズム行為、暴力行為および停戦違反を深く遺憾」とする節を付け加え、決議案の「関係者にすべての軍事行動の即時停止を要請する」という文言の「関係者」を「すべての関係者」とし、「すべての軍事行動」を「すべての軍事行動およびテロリストの行動」とするなどの修正案(11)を提出した。しかし、「すべての軍事行動」を「すべての関係者」とする修正案が採択に必要な九票を得たほかは、八票の得票にとどまり、否決された。決議案自体には英仏日を含む一三カ国が賛成したが、米国の拒否権によって否決された。

これは米国にとって二度目の拒否権だったが、七〇年に、南ローデシアが共和国宣言を行ったことを非難する決議案に対して初の拒否権を投じた際には、賛成九、反対二（英米）、棄権四（仏、コロンビア、フィンランド、ニカラグア）だった。必要得票数ちょうどの採択であり、また、この問題の当事者であり従来より強硬な姿勢をとる英国とともに投じた反対であり、西側諸国の仏、フィンランドなどは棄権していた。もし一カ国が賛成から棄権に転じていたら賛成が決議成立の必要得票数に至らず、米国の反対は拒否権にはならなかった。また、決議案全体の採決に先だって、「ポルトガルおよび南アフリカ政府および他の帝国主義勢力が違法な人種主義者政権の少数派政権に与えている援助を批判する」決議案第八節などが分割投票されたが、これらは賛成七、棄権八で否決されていた。

一方、七二年に投じた二度目の拒否権は単独であり、他の西側諸国はすべて賛成していた。唯一の棄権はパナマだったが、七二年は、この年に行われた選挙で選出されたパナマ議会が新憲法を採択し、六八年のクーデター以来実権を握っているトリホス将軍に七八年まで全権を与えた年だった。七〇年に初の拒否権を投じた際とは状況が大きく異なっており、民主制の守護者をもって自ら任じている米国が、西側諸国を含む国際的な民主制の意志を拒否したことになった。

しかしこの拒否権は米国内で大きな反発を呼ばなかった。「ブッシュの立場はミュンヘンの殺人事件にショックを受けていたアメリカ人の間では一般的なものだった。拒否権を投じるとの彼の提案はワシントンでは抵抗なく受け入れられた」のである。[12] パレスチナ問題を国際社会に訴えるとの名目で行われたテロリズムは、皮肉にも米国においてイスラエルの行為を正当化し、ようやく認められた「国連憲章に基づき、パレスチナ人が平等の権利と自決権を有すること」を無力化することに力を貸すことになった。

ワルトハイムが総会に提案したテロリズム問題は、このような中で審議されることになった。国連総会の議題案は、憲章などに基づく手続き的項目、前年までの決議によって申し送りにされた項目、各国が新たに提案した項目などから作られる。総会開会後、これを総会一般委員会が審議し、その後、本会議が改めて採択の可否とどの委員会に割り当てるかを決める。この年の総会は九月一九日に開会した。翌日、事務総長は一般委員会でテロリズム問題の提案理由を説明したが、「テロリズムおよび暴力の問題は大変に複雑であることを十分に承知している」と、テロリズム防止を中心に論じていた提案説明書の説明に比べて、原因への言及を強めた。[13]

### 反ナチス・レジスタンスはテロか

しかしこの提案へは反対が相次ぐ。討論の口火を切ったのは、一般委員会の委員国ではないが審議への参加を求めたサウジアラビアのバルーディ大使だった。国連憲章署名の際から国連に関わる名物大使で、その後も議論の一方の立て役者となる彼は、「第二次世界大戦中のフランスの地下運動、ほかに選択肢のなかったアルジェリア人の独立闘争、アメリカ独立革命の暴力、戦争中の暴力に教化されたためのテロリズム、または犯罪者、ギャング、麻薬中毒者のテロリズムも論じなければならないのだろうか[14]」と問題の複雑さを指摘した。またモーリタニアは、「占領に対する抵抗は、侵略軍から常にテロリズム呼ばわりされてきた。例えばナチの侵略者はヨーロッパのレジスタンス運動をテロリスト運動と呼んだ」。「南部アフリカ、中東そしてアジアの一部では、まさにその生存権、尊厳、自由そして平等が否定されている人々がいる。このような中では、非難されるような自暴自棄の行動にこれらの人々が走ったとしても責めることはできない。それどころか、真の犯罪者はこのような絶望の原因を生み出した者である[15]」と断じた。

ナチスに対する抵抗運動は時代精神の直接の前提であり、欧米においてはレジスタンスに関わったことが、また東アジアから東南アジアにおいては抗日運動に関わったことが、その者の正当性を証明するものとして重視されてきた。要するに、各国政府は、いかにナチスからテロリストと呼ばれ、また日本から匪賊と呼ばれたかを誇ってきたのである。また、アメリカ独立戦争は理念としての「アメリカ」の根底にあり、その正当性を支えている。テロリズム問題が提起されたことへの反論として、アラブ諸国は、「アメリカ」の世界化としての側面を持ち、ナチスや日本軍国主義と戦ったことにより形成された時代精神を全面的に利用したことになる。またその上で、パレスチナ問題と中東紛争が、住民の意向を無視して国連によって一方的にパレスチナを分割した結果として生じていることを問い、フランスの植民政策のために一〇〇万人以上の犠牲を生み出したアルジェリア独立戦争に言及したことは、時代精神の矛盾を問いつめるものだった。

このため、同様の発言が南部アフリカ問題や中東問題に関わるアフリカやアラブ諸国により繰り返された。ギニアも「過去に『テロリズム』という言葉は、他の人々を征服や支配し、他の人々の土地を略奪や搾取する者が、その支配下にある人々の自由と独立のための正当な戦いを指して、主に使われてきた[16]」と言い、採決直前にはスーダンがより直接的に述べた。「最も遺憾なことは、この提案がミュンヘン事件の勃発の中でなされ、最近の『ニューヨーク・タイムズ』によれば、イスラエルはテロリスト機関を壊滅するために『大規模な軍事行動』を起こす計画だと伝えられることである。このテロリスト機関とは、パレスチナ難民と自由の戦士のことであり、世界中でテロリストに対して予防措置をとることを意味する。南アは、その人種差別主義の活動を擁護するために、単に議題にこの項目を組み入れようという提案をすでに悪用しようとしている[17]」。

これに対して、自国を引き合いに出されたフランスは「問題が深刻かつ複雑であることに同意する。これはいかなる特定の政治状況とも切り離して、全面的に客観的に論じられるべきである」と応じた[18]。その姿勢の矛盾を突かれてたじろいだフランスに対して、ブッシュは、「過去数カ月の悲劇的な出来事」と問題を特定した上で事務総長による議題組み入れ要請を「強く支持」すると表明し、「原因を問題にしたり、この問題に関して国際社会はまさに何をすべきかということに関して、意見の違いもあるだろう。しかし、緊急性、重大性そして世界的な問題であることに関して、人々の間に違いはないはずである[19]」と、アフリカやアラブの主張を顧みなかった。

結局この議題項目案は賛成一五、反対七、棄権二で採択され、法律問題を担当する第六委員会に割り当てることとされた。この年、投票で採択された他の議題項目案は「朝鮮問題」と「国連新加盟国の加盟許可」だったが、前者は賛成一六、反対七、棄権一で次年度に申し送りにされ、後者は賛成一七、反対四、棄権三で採択された。テロリズム問題はこの年の総会において最も賛否が分かれた問題となったのである。

## テロリストから大使へ

一般委員会が作成した議題案の正式な採択の可否は九月二三日の本会議で審議された。ここでも対立は引き続いたが、特に辛辣に批判したのは民主イエメンだった。「先住のパレスチナ人の土地に入植し占領するために、世界のユダヤ教徒にイスラエルへの移民を呼びかけることはどうなのか。これは無辜のパレスチナ人に対する人種主義とテロリズム行為ではないのか。この犠牲者がこのような潜在的なテロリストを殺した時には、なぜこれが報復や正義と呼ばれないのか。なぜこれは札付きのテロリズムなのか」と、米国社会が受け入れやすい報復について発言した。復仇は国際法では認められていないが、米国、イスラム諸国、そしておそらく日本など、死刑の存置を強く主張している国では今でも受け入れられやすい理屈である。そして、「最も興味深いのは、ここに並んでいる代表団の半分以上が、数年前まで大使ではなくテロリストと呼ばれていたことである」と言い、「これこそテロリズムの定義も理解もないことの証拠」と断じた。[20] 独立運動を闘っている頃にはテロリストと呼ばれた者が、独立後には大使閣下と呼ばれていることを例に挙げたのである。後世の目から見れば、八〇年代にレーガン政権下の米国が、ソ連と戦う自由の戦士としてアフガニスタンの反政府活動を支援するが、ブッシュ・ジュニア政権においてはこれにつながる集団をテロリストと批判し爆撃することになることを、皮肉っているかにも見える演説だった。

これに対してブッシュも、「合州国は自国の誕生の本質を忘れてはいない。われわれは民族自決権を尊重する。しかしわが国は同様に生きる権利を尊重する」[21]と述べた。植民地主義には反対するがテロリズムも認めない、その間の違いを、ブッシュは被害者の生存権に求めるしかなかった。

このような中でジャマイカは、事務総長の議題案が「民族解放運動の支援のための国連の役割に十分言及していない」として、議題名を「罪のない人々の生命を危険に陥れまたは奪い、または基本的自由を危うくする国際テロリズムの防止措置」と変える修正案を提出し、さらにサウジアラビアは議題の後半に「並びに悲惨、挫折、悲嘆および絶望に根差し、急激に変革しようとして自分自身を含む人々の生命を犠牲にするこれらテロリズムの形態および暴力的行動の根底にある原因の研究」を加える修正を求めた。両者とも採択された結果、この議題名は、テロリズム防止とテロリズムの原因の重視という異なる内容を併置した、総会の歴史でも最も長いものの一つとなった。

### ワシントンはテロリストか

議論は第六委員会に引き継がれたが、バルーディの発言はここでも続いた。彼は、「テロリズムの本質はきわめて曖昧である。ジョージ・ワシントン自身も反逆者だった。彼が派遣した軍隊は英軍を待ち伏せしたが、今も彼は傑出したアメリカ合州国の建国者であり、同様に、ドイツ軍に対するテロリズム行為に関わったフランスの地下運動のメンバーは現在は国民的英雄だ[22]」と、革命から生まれ、ともにそれまでのヨーロッパの体制を揺さぶり、ヨーロッパ近代を拓いた米仏両国に詰め寄った。そして「テロリズムの主な原因として自由の戦士たちが選び出されるのは不適当である[23]」と、米国がヴェトナムに介入を深める際の言葉、そして特に一〇年後にレーガン政権が、アフガニスタン、アンゴラ、ニカラグア、カンボジアなどに介入する際に愛用する言葉を使った。米国の論理を全面的に活用したのである。

委員会における審議に米国から出席したのは、六六年から六九年にポルトガル大使を、七一年から安保理の次席大使を務めていたベネットだった。ブッシュが米国への批判に直接に応じることなく原則論を展開したのに対して、ベネットはバルーディの言葉に直接反論をした。「ジョージ・ワシントンが反逆者（rebel）だったこと、しかもめざましく成功した反逆者だったことは事実だが、デラウェア川を渡る際に船を乗っ取りはしなかった。また罪のない人々の命を犠牲にはしなかった」。「人や国を自暴自棄の暴力行動に走らせる根本的原因の研究の必要性を米国は理解している。国際テロリズムを終わらせる最善の方法は、すべての国際紛争を平和裏に解決し、貧困その他の社会病理を根絶することである[24]」。「テロリズムの問題は、長く、多方面にわたる議論を引き起こした[25]」。

米国が既存の秩序を打ち壊して建国されたこと、原因の研究が重要であること、紛争の平和的解決が重要であることなどを認めたことは、アフリカ、アラブ諸国の主張を基本的に容認したことを意味し、米国のダブルスタンダードを示してもいた。その意味で、ワシントンが待ち伏せをしたか否か、船を乗っ取ったか否かは重要な問題ではなかったのである。政治家出身で米国民に向けて語ってきたブッシュが、他国の議論の論理を十分には顧みなかったのに対して、キャリア外交官であるがゆえに各国の主張の論理性を理解するベネットは議論に正面から挑んだがために、問題点の複雑性に引きずり込まれがちだった。

ブッシュはのちに次のように語っている。「われわれは、どんな小さな代表団であっても連絡を取った。私は大使としてアフリカの小国の代表に会うことを厭わなかった。国連の仕事は演説をしたり態度を決めること以上のものだ。投票の保証を得るために本当に効果的なのは、外に出て働くことだ。私は国連政治が好きだった(26)」。

## 南アとイスラエルの支持

ここで問題の意味を最も明快に示したのは南アフリカだった。「どのような形態であれ、世界のどこであれ、南アフリカはテロリズムを非難する」、「いくつかの代表が、テロリズムと戦うために最終的に取られる措置の範囲から、特に南ア内の多くの運動や組織を外すことを求めているのは遺憾である。いかなる名前で呼ぼうが、このような運動や組織が行っていることは単純なテロリズムであることを、南ア政府は経験から承知している」、「テロリズムはテロリズムであり、誰が関与したかまたはどこで起きたかは問題ではない(27)」と言い切ったのである。

　当時の南アフリカが人種差別政策をとり、周辺諸国を日常的に侵略していたことは繰り返すまでもない。そしてその信任状は七〇年より承認されておらず、総会への出席には影響はないとの議長判断が支持されていたが、その正当性はすでに揺らいでいた。そしてその南アフリカが六二年八月から投獄を続け、六四年六月に終身刑を宣告していた「テロリスト」が、南アフリカが民主化されたのちの九四年に大統領となるネルソン・マンデラだった。南アフリカはこの二年後の七四年に総会への出席が認められなくなる。

　また問題の当事者とも言えるイスラエルは、「一群の諸国は未だにナチの悪との戦いを共有できていない」、「アラブ諸国が確立し、隠れ家と財源を確保し、武装し、訓練し、指導しているアラブの殺人集団は、大量殺害を生き延びたイスラエルのユダヤ教徒に対して凶暴な猛獣であり続けている」などと繰り返した(28)。ユダヤ教徒がヨーロッパ・キリスト教社会で受けてきた迫害の歴史やナチスの登場とアラブ・イスラム教社会の間にはほとんど関係がないが、それを結びつけることによってヨーロッパ諸国の弱みを突いたのである。イスラエル建国以前から二一世紀まで繰り返し唱えられている主張が相変わらず使われた。

　しかし当時は、時代精神の実現機関である国連の名によってパレスチナに押しつけられてきた矛盾がようやく国連に再登場した頃であり、また苛酷をきわめたポルトガルの植民地支配やヴェトナム戦争が終わりを告げようともしていた。このような中で問題提起したことと、世界の中でも最も問題を抱える南アとイスラエルが特に明快に支持したことは、テロリズム問題そのもの以上に、これが議題に上程されたことの背景にある政治問題をはっきり示した。そしてそれは、この問題の解決をより難しくしてしまった。

なお、国連創設以来国連職員を務めたアークハート元事務次長は、国連調停官ベルナドッテがのちのイスラエル首相シャミルなども属していたユダヤ教徒のテロ組織シュテルン団によって四八年に暗殺されたことについて次のように書いている。「だれが彼を殺したのかについては疑いの余地はほとんどなかったが、テロに対する怒りの中でも、犯人のことはほとんど言及されていない。またその犯行者たちは処罰されなかった。そのうちの何人かは成功し、のちの社会で尊敬を集める人物となった。この暗殺とその後の犯人追及をやめた共謀ぶりを見て以来、私はテロに対する怒りの声に素直に加われなくなった(29)」。イスラエルの主要な政治家には、イスラエル建国前後にテロリズム活動に従事した者が少なくないが、当時の国防相はテロ組織ハガナのメンバーだったダヤンだった。

結局、総会決議三〇三四として採択されたのは「暴力行動を引き起こす根本的な原因の構成で平和的な解決を見つけることに速やかに注意を払うよう要請する」、アルジェリア、インド、ユーゴなど一六カ国が提案する決議案だった。一二月一八日の本会議における採択結果は、賛成七六、反対三五、棄権一七で、米、英、日などは反対票を投じた。約三〇年後にテロリズムとの戦いを掲げてアフガニスタンとイラクを爆撃する国、またはそれを積極的に支持する国は、国連総会初のテロリズム関係決議に反対することになった。

なお、各国がさまざまな立場からナチスに繰り返し言及したのに対して、日本に触れられることはなかった。九月二九日に日中共同声明が署名され、国交正常化が果たされた中でのことであり、中国自身も急速に米国に接近していたことがその背景にあった。また、テロリズム問題とともに賛否を分けた議題項目案「国連新加盟国の加盟許可」に特に強く反発したのは中国だった。この背景には、八月八日にバングラデシュが加盟申請を行ったことに対して、これをソ連が南アジアに勢力を拡大しようとした結果と見なした中国が拒否権を行使したことがあった。このような中国の姿勢は開発途上国の間に幻滅を生むことになる[30]。

## シオニズム非難決議の影響

アラブ諸国はさらに七五年一一月一〇日に「すべての形態の人種差別の撤廃」決議を成立させ、「シオニズムは人種主義および人種差別の一形態であると決定する（determine）[31]」。いわゆるシオニズム非難決議である。シオニズムはユダヤ教徒がパレスチナ人を放逐してイスラエルを建国する根拠だったが、それが批判されたのである。ここで米国と国連の間の矛盾は頂点に達した。当時の米国の国連大使は、自ら国連の現実を十分には承知していなかったと語るモイニハンだったが、彼は、総会を「われわれの場所」ではなく「危険な場所」と断じることになる[32]。

この決議の成立は米国民の認識にとって大きな意味を持った。一般的な「アメリカ」という思想から見れば次のように判断されうることになるためである。

ヨーロッパで横暴を振るったナチズムやアジアで侵略を繰り返した日本軍国主義と戦うために結成したのが連合国であり、それをさらに永続化させたのが国連だった。だからこそ国連の名によって、ナチスの最大の被害者であるユダヤ教徒のためにイスラエルを作り、日本の最大の被害者である朝鮮の独立を推進してきた。さて、国連が民主的であるのならば、米国はこれを尊重しなければならない。そして当然のことながら、民主的な米国が国連に対して深刻な矛盾を感じることも少なく、かつては米国が推進したこれらの施策が国連においても支持されてきた。ところがその国連がイスラエルの建国原理を人種主義と非難し、ユダヤ教徒に対するテロリズムを擁護している。このような国連はもはや民主的ではない。国連がもはや民主制の名に値しないのであれば、国連の存在そのものが自由と民主制に対する脅威である、と。

国連が米国と理念を共有する「われわれの場所」ではなくなったことが公然と認められたことにより、米国政府が過去一五年間抱えてきたジレンマは一挙に解消された。政府がかつて悩んでいた、「米国の世論は……国連が『米国の外交政策の要石』であると認識」しており、「われわれが国連における投票の成果を失いつつあることに世論は備えなければならない[33]」現状はもはや問題にならなくなり、国連において自らの姿勢と相容れない事態が進展していることを合理化する必要も、「極小国論」などの小手先の対応をする必要も、また拒否権の行使に遠慮する必要もなくなったのである。国連が自由と民主制を脅かすものであるのならば、その機関が機能しないように米国が拒否権を振るうのは当然なのだから。米国にとっては、時代精神とその実施機関である国連との乖離が決定的になったどころか、国連は時代精神に反するものになったのである。皮肉なことに、シオニズム非難決議は、パレスチナ問題への理解を推進するよりも、先進国、特に米国が反国連政策を行うことを、その国内政治において正当化することに役立つことになった。

この結果、かつて米国が試みた国連化のための動きは否定されるべきものとなった。安保理に対するクーデターとも言うべき「平和のための結集」決議は、米国代表団の一員だったバックレイの言葉を借りれば、「ディーン・アチソンがかつて行ったことの中でも、間違いなく最もばかげたことであり、われわれはそこから後退をし続けている。平和のための結集決議に反対したフランスとソ連はわれわれの行動を予言していた」ことになったのである[34]。

## 加盟問題への波及

このような動きは加盟問題にも及ぶ。七〇年にフィジーの加盟申請に際しては国の規模が問題とされ、加盟問題を普遍化することが試みられていたが、七五年にはその国が米国にとって好ましいか否かを基準とすることがはっきりと打ち出されたのである。

ヴェトナム戦争終結後の七五年七月一五日と一六日、南北ヴェトナムが別々に国連に加盟申請を行った[35]。二週間後、韓国が唐突に加盟を申請し[36]、安保理は三カ国の加盟を審議するため八月五日に非公式会合を開いた。しかし、三カ国を同時加盟させるか個別審議するかで対立し、仮議題の作成もできないままに審議は公式会合に持ち越された。翌六日に開催された公式会合では、南北ヴェトナムの加盟問題がそれぞれ賛成一四、反対〇、棄権一（米）で議題採用されたが、韓国については賛成七、反対六、棄権二で必要数九票に至らず否決された。ここで議長が韓国を除く議題を改めて採決するとしたことに対して、ソ連がその必要はないと議事進行上の疑義を出した。議長がさらにその動議を採決に付そうとし、意見が錯綜する中で、議題全体が全会一致で採択されたのちに議長提案を投票に付すると発言したことから、混乱が深まった。結局、議長が混乱を招いたことを陳謝するまでに至った。ここで英国は休会動議を出すが賛成六、反対七、棄権一、投票不参加一で否決され、結局、議題全体が賛成一二、反対一（米）、棄権二（英、コスタリカ）で採択された。[37]

これについて、当時のモイニハン米国連大使は「いくつかの重要な点に関して、議長は思いがけず（そしておそらくそうとは意識せず）われわれに有利に裁定した」と述べている。[38]この時の議長国は日本で、斎藤鎮男が議長を務めていた。斎藤によると、彼は「議長としては公平を旨とすることを決意し」、「ワシントン、ニューヨーク、東京の三者間で密接な連絡をとりながら慎重かつ細心に舞台裏工作と議事準備を進め」、「日本代表部政務班は挙げて過去の加盟問題の経緯、その分析に全力を傾倒」していた。[39]斎藤の議事進行は、モイニハンが言うように明らかに米国寄りだったが、斎藤がそれを意図して行ったのか否かは分からない。「ワシントン、ニューヨーク、東京の三者間で密接な連絡をとりながら」行った意図的な議事進行であるのならば、モイニハンが「思いがけず」

と言うことはないだろう。また、「慎重かつ細心に舞台裏工作と議事準備を進め」たと言いながら、一度議題が採択された後に議事ミスだったとして議長提案の採決を求めた挙げ句に陳謝するような、手際の悪さが記録されているのはつじつまが合わない。モイニハンが、斎藤が意識せずに議事を進行したと推測しているように、単純に斎藤が議事を誤ったのかもしれない。見方を変えれば、斎藤は自らの過ちを自覚していたからこそ、その顚末について「公平」、「慎重かつ細心」、「分析に全力を傾倒」などと書いたことも考えられる。また、彼が極小国の加盟について議論するのはこの後のことである。ちなみに斎藤はその著作においてこの議事の混乱については触れていない。

斎藤に限らず、問題の当事者の発言を検討する際には当然に注意が必要であり、九〇年以降の日本で出版されたものにも当てはまる。しかし、特に昨今の日本では当事者の発言がむしろ権威をもって取り扱われがちであることに、議論の状況の粗雑さがあらわれている。

さて、こののちモイニハンはワシントンに「初めて長い」電報を打った。「安保理での発言は世界中の注目を集める。そこでわれわれは二つの方針から選択しなければならない。一つは特定の国の国連憲章の遵守で、もう一つは国連加盟国の普遍性である」。「普遍性の原則の方が重要と思われる」[40]。

### 反国連としての米国

一一日、米国は安保理で南北ヴェトナムの加盟に対して単独で拒否権を行使した。その理由は、三カ国の加盟を認めるつもりだったが韓国加盟審議拒否により普遍性が損なわれたとされた。しかし反対は米国のみで、棄権も中米のコスタリカだけだった。英仏も賛成していた。これは加盟問題に米国が投じた初の拒否権で、斎藤によれば「傍聴席からは怒声が各所で聞かれ(41)」た。

九月一六日、総会が開会した。ここで、アフリカ、アジア、ソ連東欧など六七カ国が安保理にヴェトナム加盟申請の再審議を求めることを提案し(42)、賛成一二三、反対〇、棄権九(米、イスラエル、中南米)により一九日に採択された(43)。米国以外に西側諸国で棄権した国はなかった。この年採択された二〇七の総会決議において、提案国がこれよりも多かった決議は、多くの国が提案国に名前を連ねがちな加盟承認決議を除くと、南アフリカの政治犯に関する決議など三つに過ぎなかった。

九月二六日の安保理では、総会決議に基づいて南北ヴェトナムの加盟問題の議題採択が米国のみの棄権により採択された。ここで米国は、韓国外相より出されていた韓国の加盟申請(44)を議題に採択することを求めたが、賛成七、反対七、棄権一で否決され、南北ヴェトナムの加盟問題を含む議題全体が棄権二(米英)で採択された。採決は三〇日に行われたが、米国は改めて両者に単独で拒否権を行使した。他の国はすべて賛成する中での拒否権だった。米国は一年間にヴェトナム加盟に対して拒否権を計四回行使したことになった。

モイニハンが進言したように、米国はこの拒否権の理由を国連加盟国の普遍性に求め、いわゆる一括加盟を主張した。一括加盟は四七年にソ連が、西側諸国の加盟と抱き合わせて東側の加盟を果たそうと主張したもので、当時米国はこれを非難していた。米国は三〇年後に、かつて自らが批判していたソ連と同じ主張を展開したのである。

翌七六年、南北統一したヴェトナムは、八月一〇日付書簡により再び加盟申請を行った。これに対しフランスは、「ヴェトナムとわれわれのうちの一カ国の間に残る相違が解決するのに十分な時間だろうとの希望から、一一月のいつ日にかまで審議を延期することを提案」した。(45) 一一月一五日、安保理はフランスを含む一一カ国が提案国となったヴェトナム加盟決議案を採決したが、他の国がすべて賛成する中で米国が単独で拒否権を行使した。投票後に米国は、「（ヴェトナムの）国連憲章の義務を果たす意志を深く疑問に思う」。なぜなら「ヴェトナムは行方不明米兵に関する満足のいく人道的または具体的関心を示していない」(46) と理由を説明した。前年の主張とは異なっていた。

一一月二六日、総会はこの拒否権を「きわめて遺憾」とし、安保理に再考を勧告した。(47) 提案国は、フランスとスウェーデンを含む八一カ国に達し、賛成一二四、反対一（米）、棄権三（イスラエル、西独、英）だった。前年には棄権した南米なども賛成し、棄権した英国がその理由としたのも決議案の言葉づかいにとどまった。米国の主張は支持されなかったことになる。

前年の説明の方が各国の支持を得ていたにもかかわらず、なぜ米国は変えたのだろうか。いくつかの理由が考えられるが、七六年が大統領選挙の年であり、一一月二日に投票が行われたことも大きいだろう。フランスが一一月に安保理の審議の延期を提案したのも、大統領選挙前にこの問題を取り上げることを避けたのかもしれない。各国にとっては支持しやすかった前年の反対理由を変えたのも、これが国外向けというよりも、共和党のフォード政権に対して選挙戦を戦っていた民主党のカーター候補への影響を狙った国内向けのものだったことをあらわしているように思われる。北朝鮮による拉致問題が日本において絶対的な意味を持つのと同様に、行方不明米兵問題は米国において重要な意味を持つのである。また七五年の韓国の加盟申請も、韓国の加盟そのものが問題だったのではなく、ヴェトナムの加盟申請に対抗するための政治的な意味があったと言えよう。

米国共和党にとって、われわれの場所ではないのは総会のみならず安保理にまで及んでいた。そこで展開される主張も、各国を説得するために普遍的な体裁を装う必要が低下していた。特に七六年の主張は米国国内にのみ通じる、発したこと自体に意味がある、反対のための反対に過ぎなかった。

ヴェトナムはカーター政権が発足した翌七七年に加盟を果たしたが、その決議を安保理はコンセンサスで採決した。投票が避けられたのである。これを受けて総会に提出された決議案の提案国はイタリアなどを含めた一〇六カ国に上った。それは米国の姿勢が西側諸国が共有するものではなくなっていたこと、つまり、米国の国内的な議論のあり方と西欧諸国の国内議論のあり方に距離が生まれたことを示していた。そして結果的には米国政府はそれを意識的に拡大させたことになった。

## 3　国連化と非国連化の相克

七四年、国連総会は新国際経済秩序（ＮＩＥＯ）の樹立を宣言した。「国連開発の一〇年」に象徴される白色革命の破綻がドルショックによって明白になり、一次産品価格の暴落が開発途上国の経済状況を悪化させ、石油ショックが引き起こされた以上、当然に生じた革命だった。

経済問題は、国連の最も早い時期から非国連化が始められ、特に貿易に関しては国連化されないままに非国連化されてしまった。時代精神が提示されただけでその実施機関が確立されてこなかったわけだが、それを、国連の中心機関である総会を通じて国連化し、さらには新たな時代精神を確立しようとしたのである。まさに、「ベオグラード・サミット（六一年の第一回非同盟諸国首脳会議）はUNCTADの設立への途を拓」き、「アルジェ・サミット（七三年の第四回非同盟諸国首脳会議）に由来するイニシアティヴは非同盟諸国をして、集団的交渉力を通じて、……国連で新国際経済秩序を宣言し、自助努力の精神を主張する方向に向かわせたのである(48)」。

## 非国連化としてのサミット

翌七五年、経済問題に関する主要先進国首脳会議、いわゆるサミットが始まる。国際的民主制を体現するはずの国連総会が経済問題の体系化を試みる中で、OECD加盟国からさらに参加国を絞った大国六カ国（翌年から七カ国）のみによる場が作られたことになった。これは、「国際の平和及び安全の維持」において常任理事国五カ国が特権的な位置づけを得たことと類似していた。すでに非国連化が確立していた経済を、大国を中心にして制度化されたのである。時代精神から大国の協調のみが取り出され、国際協調はあらゆる意味で取り除かれたことになる。

第一回サミットが採択した宣言は、「われわれがここに集うこととなったのは、共通の信念と責任とを分かち合っているから」とその冒頭で説明し、その結語において「既存の制度の枠組み及びすべての関係国際機関において、これらのすべての問題についての協力を強化する意図を有する」と断じた。しかし当然のことながら、国連どころかGATTにも言及しなかった。この宣言は、「われわれは、各々個人の自由と社会の進歩に奉仕する開放的かつ民主的な社会の政府に責任を有する」と言うが、それらの政府の集まりこそ、かつて国連と呼ばれていたはずだった。しかしもはやそのようなことはなく、また、新たな行動の根拠に国連が援用される必要もなかったのである。OECDがその設立の正当性を主張するために国連を掲げていたこととは大きな違いだった。このことは、本来ならば時代精神に基づくはずの「共通の信念と責任」が国連から切り離されたことを意味した。その一方で「主要貿易国は、OECDプレッジの諸原則に対するコミットメントを確認することが緊要」と述べ、「関係国際機関」の意味するものがOECDなどであることが示された。さらに「われわれと社会主義諸国との経済関係の秩序ある実り多き増進を期待」した。[49] 開発途上国が集う国連よりも、ソ連東欧諸国の方が近しい存在となったのである。反国連は米国のみならず、先進国が共有するものとなった。

サミットはEC（EU）やCSCEと比較されることもある。[50] しかしEUが地域統合を目指し、CSCEも全ヨーロッパを包含する機関であるのに対して、サミットは地域的な普遍性を持たず、きわめて排他的である。またサミットに対して、「弱体化した国連、出席国が多く、あちこちで利害が衝突する国際機関のあいまいな妥協案や方針に比べると、サミットが外にみせる断固とした結束力や方針は、間違いなく〝仕切り機関〟の中心として、世界を動かしてきたといえる」、「国連の資源総会をはじめ、IMF、世銀総会、国際エネルギー機関、国連安保理など、さまざまな国際機関もこの石油危機に対応したが、その頂点に立ち、求心力をもって対応策、戦略を打ち出したのは、明らかにサミットの首脳外交であった(51)」などの評価がなされることもあるが、これも問題がある。この当時の国連は実に活発に活動していたのであるから。

ECEとOEECの設立に関して、国連が活動しているからこそこれに対抗して新たな機関が作られると述べたが、七〇年代の国連は、それとは比較にならないほど活発かつ具体的に活動していた。またOEECの設立に際しては迅速な活動が理由に挙げられたが、七〇年代の国連は実に迅速だった。むしろ、国連が活発に活動していたからこそ、それに対抗するためにサミットが開催されたのであり、また国連の「弱体化」もいわゆる官僚主義のためなどと言うよりも、特定の国が国連を弱体化をさせようとする意志を発揮させた結果というべきだった。もちろんサミットの誕生には独仏と米の間の主導権争い、特に米国に対するヨーロッパの反発もあった。しかしそれにしても、経済における大国同盟の新たな結成だったことに変わりはない。

ただし、排他的な集まりを作っただけでは事態への対応にはならないことは、先進国もよく承知していた。サミットを主導したジスカールデスタン仏大統領の提唱により、七五～七七年にパリで国際経済協力会議（CIEC）が開催されたが、これは、安保理としてのサミットを前提とした非国連化された一種の総会と呼ぶことができた。しかしCIECが成果を挙げることはなかった。八八〜八九年に国連大使、九〇〜九七年にOECD事務次長を務めた谷口誠はこれについて、「このCIECの結果は、開発途上国にかなりの不満を残すこととなり、国連がCIECの評価およびフォローアップを行うべしとの要求が出された。そこで、第三二回国連総会において、八〇年に国連経済特別総会を開催すること、それまでのあいだは南北問題を総合的に取り扱うために国連全加盟国が参加し（CIECでは参加国が限定されたために失敗に終わったとの意見が開発途上国に強かったため）、かつハイレベルの政策決定者の参加する全体委員会（Commettee of the Whole）を設立することが決定された[52]」と述べている。国連化と非国連化の意味がよく示されている。

### 非国連化に対抗するための国連改革

七五年九月、前年のNIEO樹立宣言を受けて、第七回特別総会は国連改革のための特別委員会を設置した[53]。その七六年二〜三月の会合で、改革すべき八つの分野が挙げられたが、その筆頭が総会、次いで経済社会理事会だった[54]。七七年一二月一四日、この委員会は、経社理の役割を明確化し、「新たな機関の設置を避けるために経済社会理事会は最大限に拡大されるべき」、「経済社会理事会の活動に参加を希望するすべての国連加盟国は、可能な限り最大限そのようにできるようにすべきである。加えて、理事会が十分代表されるような方法を検討すべきである」などとする勧告をまとめ、一二月二〇日、総会はこれを承認した[55]。

これは、谷口が記した開発途上国の不満に途上国が自ら示した答えであり、サミットが行った露骨な非国連化に対抗して、国連のあり方を、経済問題を国連化するのにふさわしく変えようとする試みだった。ＯＥＣＤからサミットへ向けて参加資格の限定化が進められ、排他性が高まっていったこととは対照的だった。本来は経済社会理事会が専門機関を含めた経済社会分野の統一的な中心であるべきだったが、世界銀行やＩＭＦなどのブレトン・ウッズ機関はその出資金により投票権を定めていることから先進国の意向が強く反映され、他の専門機関とは異なる状況となっていた。また、経済社会理事会はＮＩＥＯの策定においても大きな役割を担うことがなかった。これらは、ＮＩＥＯが提唱はされたが実施手段を持たないことのあらわれでもあった。その経済社会理事会をＮＩＥＯの実施機関として再構築する動きがこれだったのである。さらに七九年、第一回ＵＮＣＴＡＤで生まれた開発途上国の集まりである七七カ国グループ（Ｇ77）は、経済社会理事会の議席拡大に関して国連総会が「合意に達しなかった」、「理事会が普遍性を欠いているために、諸機関が拡散し、政府間機関および国連の関連機関はしだいに利用しづらく非効率になっているというのが明快な認識になっている」(56)として、経済社会理事会の議席を全加盟国に拡大する決議案を総会に提出した。

さて、南北問題をめぐる開発途上国の動きに関しては、先進国を批判することにより自らの責任を逃れようとする彼ら自身の問題があったことも事実である。特にＮＩＥＯについてはこのことが強く当てはまり、これらの動きが持っていた矛盾を軽視すべきではない。加えて開発途上国の政策立案能力（それは個別具体的な政策だけではなく、交渉における政治的妥協の形成の仕方も含む）に不十分な点があったことも否定できない。そのような矛盾が表出したがゆえにこれらの国連化の試みが挫折したのであれば、開発途上国政府の側からの新たな動きを促すことになった可能性もあり、その後の状況も変化したかもしれない。しかし事態は逆の方向をたどった。ＮＩＥＯは、国連の持っていた意味すら理解しない政権が米国に誕生することによって崩壊することになるのである。

### 米国のUNESCO脱退

八一年、レーガン政権が発足した。同政権は一連の国連化の動きに反発し、国連への敵視政策を展開した。総会において投票によって採択される決議への賛成率は一〇％前後になり(57)、安保理においては拒否権を乱用し始め、政権発足から半年後の八一年六月には、国務次官補が新国際情報秩序を批判した上でＵＮＥＳＣＯ脱退をも示唆し、八三年一二月二八日には八四年いっぱいで脱退することを正式に表明した。

ＵＮＥＳＣＯ脱退の理由にはその活動の政治化と官僚主義への批判が挙げられたが、すでに触れたように、本来は行政的な機関が再編された国連の専門機関の中でも最も政治的な色彩をもって米国が主導して新たに作られたのがＵＮＥＳＣＯであり、それは時代精神の国連化の象徴とも言いえた。つまりＵＮＥＳＣＯはもともとから政治化されていたのである。そして官僚主義への批判も、民主制を批判することができない中での言い換えに過ぎなかった。

それまでの非国連化は、自らに有利な国を集めた機関を新設することによって他の諸国の主張を無力化するという、時代精神の実現機関としての国連を必ずしも否定しない、それなりに洗練された手法だった。またかつては、「アメリカ」を世界化したものとしての国連を露骨に提示することは控えられ、一国の認識を時代精神として普遍化するために体裁を整える努力が払われていた。

しかしそのような合理化はもはやなされなかった。国連が反民主的な場所と認識された以上、ことさらにその否定を正当化する理屈を組み立てる必要はなかったのである。UNESCOは反米的で共産主義者の巣窟だと言えば、それ以上の説明は不用であり、いきなりの脱退という、きわめて乱暴な方法がとることができた。これは、時代精神の中から、国連憲章がその目的として最後に掲げた「これらの共通の目的の達成に当つて諸国の行動を調和するための中心となること」が否定されたことを意味した。第二次大戦後の時代精神と、「アメリカ」という名の思想は分裂したと言ってもよい。このような米国の動向に対してヨーロッパ諸国は距離を置いた。UNESCOに関しても米国と同様の理由を掲げて脱退したサッチャー政権下の英国のみだった。それはレーガン政権の行動に対してヨーロッパが抱く懸念をも示していた。

UNESCO脱退の理由の一つとして掲げられたのが、この機関を当時二分していた新国際情報秩序だった。これは、AP、UPI、ロイター、AFPの四大通信社などが世界の報道を支配していることに対する南の反発の集大成であり、北の経済支配に対する新国際経済秩序樹立の要求と並ぶ、北の文化支配への反旗と言えた。この動きは新国際経済秩序の樹立を要請した七三年九月の非同盟諸国首脳会議で明確になり、途上国間の協力拡大のための特別目標として、マスコミュニケーション分野における統一行動が掲げられた。これを踏まえて、各国の通信社が共同してニュースを集め再配信する通信社の共同体ＰＯＯＬが組織され、七五年一月に一四の通信社が加盟して試験的に発足した。個々の通信社は小さくとも、それぞれがニュースを持ち寄ってこれをプールし、それをまとめて配信することによって、大通信社に対抗しうると考えたのである。首脳会議でも推進役だったユーゴスラヴィアのタンユグ通信社が幹事局になり、チュニジア、モロッコ、イラク、キューバ、インドの通信社が地域の中心局となった。

### 新国際情報秩序問題

翌七六年三月、チュニスで非同盟諸国間の報道を発展させるための国際シンポジウムが開催され、七月には第一回非同盟諸国情報相および通信社代表会議が開催されて「非同盟諸国通信社ＰＯＯＬ規約」案を作成、八月に開催された第五回非同盟諸国首脳会議でこの規約案が承認されるなど、新国際情報秩序樹立の動きは急速に進展した。そして非同盟首脳会議は、「情報とマスメディアの分野における新国際秩序も新国際経済秩序と同じく、きわめて重要である」と宣言し、ＡＰ、ＵＰＩ、ロイター、ＡＦＰなどの先進国の通信社による情報の独占は「偏向し、不適切で歪曲された情報の、受動的な受信者の立場に、大多数の国が引き下げられ、従属と支配の状況を生みだしている(58)」と断じた。旧宗主国から政治的に独立を果たした諸国が経済的な自立を求め、さらにそれに不可分なものとして文化的な自立を主張したのである。

国連では教育科学文化問題を担当し、以前より報道の問題を扱っていたＵＮＥＳＣＯがこの問題の舞台となった。そして、新国際経済秩序の舞台となったＵＮＣＴＡＤがＧＡＴＴに対抗して設置された比較的新しい組織だったのに対し、ＵＮＥＳＣＯは国連とともに作られた、時代精神を象徴する意味も持つ機関でもあった。そのＵＮＥＳＣＯの事務局長に七四年に就任したのは、のちにレーガン政権がＵＮＥＳＣＯ事務局の腐敗の象徴として激しく批判することになる、セネガルのムボウだった。ＵＮＥＳＣＯ事務局長は、四八〜五二年にメキシコのホデーが務めた以外は欧米の人間が就いていた。そもそも国連専門機関の事務局の長にアフリカ人が就任したのは初めてのことだった。

非同盟諸国は先のような動きを踏まえて、七六年のＵＮＥＳＣＯ総会においてマス・メディア宣言案を提出した。この年には合意に達せず廃案となったが、七八年に採択されたこの宣言の正式名称は、「平和および国際理解を強化し、人権を促進し、人種主義、アパルトヘイトおよび戦争の扇動に抵抗するための、マスメディアの貢献に関する基本原則の宣言」だった。「人の心に平和の砦を築く」とその憲章で謳ったＵＮＥＳＣＯにおいて、国連憲章の目的に掲げられた問題が列挙されたのである。それは、時代精神を全面的に再構築することを意味していた。

八〇年、ＵＮＥＳＣＯではマクブライト委員会報告の名で知られるこの問題に関する報告がまとめられた。一方、国連総会ではこの問題に関しては従来は実質的な審議がなされていなかったが、八一年には八三年を世界コミュニケーション年とすることを宣言し[59]、また、七二年に提案されて以来独立した決議として採択されていなかった放送衛星規制問題も八二年に初めて投票に付された[60]。提案国はブラジル、インド、ナイジェリアなど二〇カ国、結果は賛成一〇七、反対一三（米英日など）、棄権一三だった。一方、参加通信社数一四で発足したPOOLだったが、翌七六年には二七に、七八年には五〇に増加した。三年間で二〇以上、五年間で三〇以上の通信社が新設され、その配信量は発足から二年間で五倍に拡大しており[61]、順調に発展しているかに見えた。そして新国際情報秩序とは、文化に関わるがゆえにUNESCOが取り上げることを批判できない問題だった。

### レーガンの文化理解

レーガン政権が敵視したのはこのような活動だった。マスメディア宣言の名称にあらわれているように、開発途上国の姿勢がパレスチナ問題や南アフリカ問題を重視していたことや、米国の報道支配や米国文化の影響を特に問題視していたこと、そしてさらに人工衛星をめぐる問題が、ソ連の諜報活動、ハイテク流出、SDI構想などと関連していたことも影響したと考えられる。

確かに、当時のUNESCOの行財政が問題を持っていたことはある程度は事実と言えるようではある。しかしレーガン政権が展開した批判自体がそれ以上に政治的な意味を持っていた。そして当時のUNESCOが「政治化」していたかどうか、また仮に「政治化」していたとして、それが悪いことかどうかはともかく、そもそもUNESCO自体がきわめて政治的な機関として作られたものにほかならなかった。もし「政治化」が批判されるのであるなら、政治問題を扱う国連は存在そのものが批判されることになる。事実、レーガン政権は国連をそのように処遇していた。レーガン政権が批判した専門機関の政治化とは、自らが政治機関として作り上げた機関が、自らが理解できない活動を始めたことを言い換えたものだった。

ここで情報分野の専門機関の状況を比較してみよう。万国郵便連合（UPU）は専門機関の中でも対立や批判が少なかったが、国際電気通信連合（ITU）では電波の割り当てをめぐる南北の対立が見られた。一方UNESCOでは、英米の脱退という最高水準の対立に直面することになった。これらの違いは、それぞれの機関の「欠陥」の度合いに起因するというより、その担当する問題の政治性にあると言うべきだろう。郵便は媒体として現在では大きな役割を演じていない。税関による調査も容易である。これに対して電気通信は比較にならないほどの重要性を持つが、その中でも当時特に意味を増していた衛星通信については、西側諸国を中心にした国際電気通信衛星機構（INTELSAT）が六四年に、国際海事衛星機構（INMARSAT）が七九年に、ソ連を中心にした国際宇宙通信機構（INTERSPUTNIK）が七一年に、それぞれ国連外に設置されていた。つまり非国連化が完了していたのである。この結果、各国間で対立はあってもITU自体の役割は大きくなかった。ただしITUと通信衛星機構の公式関係は長年問題となっており、八〇年当時は両者の協議が問題になっていた。つまり情報分野における国連化が求められていた時でもあった。これらの機関は、その担当分野がすでに政治的重要性を減じていたか、または重要性を増している分野でありながら、大きな役割を担っていなかったのである。

当然、逆のことも指摘できる。つまり、米国にとって有利でさえあれば、いくらその機関が政治化していても問題はないのである。例えば米国は七七年に国際労働機関を脱退し、八〇年に復帰していたが、この当時はポーランド自主管理労組「連帯」問題などにおいて、むしろ米国が国際労働機関を利用できた。

マクブライト委員会に参加した永井道雄は、その報告の日本語版に寄せて次のように書いている。「新情報秩序について考えてゆく場合、文化の問題を通りすごすわけにはいかない」、「新情報秩序の問題を固定した狭いものととってはならない[62]」。しかし、剥き出しの理念を掲げるレーガン政権にとって、文化が問われた、つまり理念のあり方が問われた新国際情報秩序は最もその理解から遠いものだったのかもしれない。軍事や経済においてそれなりに洗練された形で非国連化を行った米国は、文化において最も乱暴に反国連化を進めたことになった。それは、そこで問われたのが時代精神のあり方ではなく、理念としての国際機関そのものだったことを意味した。

### 拡大する情報格差

結局、通信手段と情報量の両面において、情報の格差は縮まるどころか一層拡大した。新国際情報秩序が構想していた、全アフリカ通信社やアラブ記者訓練センターなどの地域的な報道協力制度の構築などは水泡に帰し、さらに九〇年以降には文明の衝突などの議論が世界を賑わせることになった。永井の懸念はそのまま形になってしまった。

もちろん、新国際経済秩序と同じく、新国際情報秩序の主張が問題を含んでいたことも否めない。中でも国家による報道統制への言及は、報道への弾圧が行われることの多い開発途上国において重要な意味を持っていた。しかし、世界の報道が特定の国の価値観や政策に左右されている状況が大きな問題を持っていたことは、言うまでもない。米国文化の影響に懸念を抱きＵＮＥＳＣＯ本部を抱えるフランスも、西側先進国の中ではこの問題に対して比較的穏健な姿勢を見せていた。そしてこの当時は、ヴィデオ、衛星放送、コンピューターなどにより、報道のあり方が変化し始めたときでもあった。八〇年にはＣＮＮが登場し、報道のショー化も進んでいた。そして九〇年代は、それまで新国際情報秩序の樹立を担い、ＰＯＯＬの幹事局だったタンユグ通信社を抱えるユーゴスラヴィアが崩壊し、中東の中心局だったイラクとともに国連による制裁の対象となり、その湾岸戦争では新国際情報秩序が提唱された後に発足したＣＮＮが注目を集め、飛躍的に発展した。一方、国際主義の旗頭だったはずのタンユグはセルビア民族主義のプロパガンダ通信社に変貌した。この意味で、湾岸戦争とユーゴ内戦は、七〇年代以降の新国際情報秩序の動きの終焉も象徴していた。

注

（1）斎藤鎮男『国際連合の新しい潮流』新有堂、一九七九年。
（2）『朝日新聞』「選択迫る『資源総会』」上、一九七四年四月八日朝刊。
（3）S/PV. 1554, para. 12.

(4) S/RES/287.
(5) John Foster Dulles, *War or Peace,* Macmillan 1950, pp. 191–194.
(6) A/RES/2672C.
(7) A/RES/2758.
(8) A/9742 & Add. 1–4.
(9) A/8791.
(10) S/10784.
(11) S/10786.
(12) Seymour Maxwell Finger, *American Ambassadors at the UN,* United Nations Institute for Training and Research, 1992, p. 225.
(13) A/8791/Add. 1.
(14) A/BUR/SR. 201, paras. 45 & 46.
(15) A/BUR/SR. 202, para. 6.
(16) Ibid., paras. 9, 10.
(17) Ibid., paras. 47, 48.
(18) Ibid., para. 49.
(19) Ibid., paras. 19, 20.
(20) A/PV. 2037, paras. 186, 192.
(21) Ibid., para. 288.
(22) A/C. 6/SR. 1355, para. 7.
(23) A/C. 6/SR. 1358, para. 8.
(24) A/C. 6/SR. 1357, para. 27.
(25) A/C. 6/SR. 1386, para. 18.

(26) Linda M. Fasulo, *Representing America: Experiences of U. S. Diplomats at the U.N.*, Facts On File Publications, 1984, p. 170.
(27) A/C. 6/SR. 1366, paras. 83 & 88.
(28) A/PV. 2037, paras. 248, 249.
(29) アークハート著／中村恭一訳『炎と砂の中で』毎日新聞社、一九九一年、五三頁 (Brian Urqugart, *A Life in Peace and War*, Harper & Row, Publishers, 1987.)
(30) 河辺「一九七〇年代の国連における中国の行動について」愛知大学現代中国学部『中国21』創刊号、あるむ、一九九七年。
(31) A/RES/3379.
(32) Daniel P. Moynihan, *A Dangerous Place*, Little, Brown and Company, 1978.
(33) Foreign Relations of the United States, 1958‐1960, vol. II, p. 254.
(34) William F. Buckley, *United Nations Journal-A Delegate's Odyssey*, G. P. Putnam's Sons, 1974, p. 43.
(35) S/11756, S/11761.
(36) S/11783.
(37) 以上、S/PV. 1834.
(38) Moynihan, *op. cit.*, p. 144.
(39) 斎藤鎮男『国連の窓から』日本国際連合協会、一九七六年、二一六頁。
(40) Moynihan, *op. cit.*, p. 144.
(41) 前掲、斎藤鎮男『国連の窓から』二二〇頁。
(42) A/L. 763.
(43) A/RES/3366.
(44) S/11828.
(45) A/PV. 1972, para. 64.

(46) A/PV. 1972, paras. 122, 123.
(47) A/RES/31/21.
(48) NAC/CONF. 5/S/3, p. 15 (reissued as A/31/197, p. 71).
(49) 『外交青書』二〇号、二二〇〜二二二頁。
(50) 例えば船橋洋一『サミットクラシー』朝日文庫、一九九一年、二三三頁以下。
(51) 嶌信彦『首脳外交――先進国サミットの裏面史』文春新書、二〇〇一年、七四〜七五、九四頁。
(52) 谷口誠『南北問題――解決への道』サイマル出版会、一九九三年、一五〜一六頁。
(53) A/RES/3362.
(54) A/31/34 & Add. 1, 2.
(55) A/RES/32/197.
(56) A/C. 2/34/SR. 55, paras. 10, 11.
(57) 河辺『国連と日本』岩波新書、一九九四年、二頁。
(58) NAC/CONF. 5/S/2, pp. 42-43 (reissued as A/31/197, pp. 50-51).
(59) A/RES/36/40.
(60) A/RES/37/92.
(61) Report on POOL Activities 1976-1979', "Nonaligned on Information : Documents", News Agencies POOL, Second Conference, Belgrade, 1979.
(62) UNESCO著/永井道雄監訳『多くの声、一つの世界』日本放送出版協会、一九八〇年、一一、一三頁。

# 第5章　強制行動と米国国内政治

## 1　非国連化する経済制裁

### 米国の拒否権乱用

本来、国連の軍事行動の中心となるべき大国にとって、国連がこの分野で機能しないようにすることが了解されていた。朝鮮戦争勃発後に安保理に復帰し、国連がこの分野で機能することの重大さを痛感してそれを妨害したソ連の態度と同様、レーガン政権は「危険な場所」と化した国連が機能しないようにするために拒否権を乱用した。政権発足二年目の八二年には一年で八回拒否権を行使しているが、そのうち七回は単独の拒否権だった。一〇年前に初めて単独の拒否権を投じたブッシュが副大統領を務め、文化的な問題に最も強い反発を示したこの政権が拒否権の行使を躊躇することはなかった。そしてこの八回のうち六回は中東問題におけるもので、特にイスラエル非難に関して徹底して反対している。レーガン政権はいくら国連を批判しても、国連を脱退して、国連化を妨害する権利である拒否権を放棄することはしなかったのである。この中で、特に南レバノンでは惨事が展開することになる。なお米国は、手続き事項であり拒否権が適用されないPLOの安保理審議への招請にも、ことごとく反対した。この年だけで八回反対票を投じている。

国連の政治的機能が麻痺させられるのと併行して、本来は経済会議だったサミットが政治問題に取り組む割合が増加した。特に米国のUNESCO脱退表明を控えた八三年に米国が主催したウィリアムズバーグ・サミットでこの政治化が顕著になる。軍事面の非国連化が行き着き、反国連に至った先にあったのは、最も参加国を制限したサミットを安保理化することだった。

### 軍事行動の単独化

その一方でレーガン政権は、本来は国際協調により行われるべき「国際の平和及び安全の維持」のための他国に対する軍事的な行動を、単独またはそれに近い形で取り始める。これはすでに非国連化されてはいたが、それにしてもそれは同盟国との協調によりなされるはずだった。そしてそれらの同盟は、NATOにせよ日米安保条約にせよ、国連に法的基礎を置いていた。その意味では、時代精神が持っていたはずの国際協調は最低限は維持されていた。しかしレーガン政権は、非国連化のために作り上げたはずの同盟諸国の意向をも飛び越えて強制行動を発動するようになるのである。

反米的と認識された国に対してレーガン政権がとった行動は、大きく三段階に分けられる。第一は経済制裁である。本来これは、軍事力の行使を規定した国連憲章第四二条の前段階の行動として第四一条において制度化されたものだった。第四二条とともに第七章の下におかれ、一般に安保理が制裁を科するときには、軍事行動をとる場合と同様に「安保理は第七章の下で行動し」という言葉で規定される。この場合、この決定は加盟国を拘束することになる。しかしレーガン政権は、安保理の決議によることなく一方的に次々と「敵性国家」を認定し、制裁を連発したのである。

経済制裁に次いでとられたのは、「敵性国家」の反政府ゲリラなどへの軍事的経済的援助だった。もちろん、その是非はともかくとして、独立に伴う内戦などにおけるいわゆる代理戦争は珍しいものではない。また、それまでも要人の暗殺などによる政権転覆が秘密裏にもくろまれることがあった。レーガン政権の行動がそれらと異なったのは、すでに確立した政府に対して、公然と転覆活動を行い、それを隠さなかった点である。これらの反政府ゲリラは自由の戦士と呼ばれた。この焦点は特にソ連が侵攻していたアフガニスタンから中東、南アフリカが周辺諸国を侵略していた南部アフリカ、中南米、カンボジアにあてられた。もちろんその際には、ソ連が開発途上国において干渉を繰り返していると米国が批判してきたことは顧みられなかった。

さらに、単独またはそれに準じた状況で武力を行使することもレーガン政権は辞さなかった。その正当化のための理由も、八三年にグレナダに侵攻した際には集団的自衛権の体裁が執られたが、八六年にリビアを爆撃した際には「カダフィー大佐は国際テロリズム行動に関わってきた」、「自由な人々と諸国は団結し（unite）ともに活動しなければならない」と言うだけで十分だった(1)。これは国連においても同様だった。もちろん国務省の官僚らはこのような議論を展開しても他の国の理解を得られないことを承知している。したがって当初はリビアが先制攻撃を仕掛けたために自衛したと主張することを中心にして、安保理で発言していた。(2) しかし国連外で大統領らが展開する議論との齟齬が大きくなると、テロリズムが議論の中心になった。(3)

### 国内化する米国の論理

七〇年代を通じて、米国の主張は国際的な理解を踏まえない国内的文脈に基づく度合いを強めていた。その上に立って、レーガンは、国連憲章に示された時代精神が持っていた普遍的な装いから国際協調を捨て去ると同時に、悪に対しては妥協しない、人権を重視するなどと強調した、「アメリカ」という名の特定の社会背景の中においてのみ通用する思想に純化させたのである。このことがよく示されているのは、レーガン大統領が八三年三月二一日をアフガニスタンの日と宣言した際の演説だろう。アフガニスタンは、リビアなどとは異なり、米国保守派が最大の悪と認識するソ連が直接侵略していたためである。ここでレーガンは次のように断じた。

「英雄的で勇敢なアフガンの自由の戦士たちがソ連の野蛮な侵略と占領に耐え続けているように、アフガニスタンの悲劇は続いている」。「アフガンの自由の戦士たちのレジスタンスは、この国のわれわれが何よりも重視する理想、自由と独立の理想の揺るぎなさを全世界に示す事例である」。「決然たる人々へのアメリカの揺るぎない共感、その難民への援助、専制のくびきから自由なアフガニスタンの政治的解決を達成するための関与を、改めて訴える」(4)。

この点で、軍事に関してではあるが、のちにクリントン政権において国務次官を務めるタルボットが「レーガンは、米国が完全に劣位にたってしまい、『ソ連はいつでもわれわれに電話をかけてこられる』――危機においてクレムリンは、いつでも攻撃するぞと米国を脅迫することができる――と信じた最初の大統領である」、「彼は、核時代に定義された抑止の概念――相互の破壊の脅威に対する相互の脆弱制にもとづく相互の抑止――にとくに反発を覚えた」(5)と論評していることは興味深い。核抑止論は、米ソの核保有が制度化する中で、その核保有と核開発を正当化するための理屈として展開されてきた。それは核保有の法制度化と一体をなすものだったが、タルボットは、米国が自らの恣意的な行動を正当化するために組み立てたもっともらしい理屈を、レーガンはその文言通りに受け取ったと評しているのである。非国連化を飛び越えて反国連に至ったことも、これと似ていた。そしてこのことは、ある特定の社会において通用する理屈がそのままの形で世界に発信され、また行動に移されることを意味した。レーガン政権のこのような姿勢が、開発途上国のみならず西側諸国からも大きな批判を浴びたのは当然だった。

一般に、経済政策は政治的な対外政策とは比較にならないほど国内的な文脈の問題となる。対外政策においてすら論理の普遍化を拒否したレーガン政権は、経済政策においてその姿勢をより貫徹した。意識的に金利を高めに誘導することにより本来ならば開発途上国に向かうべき資金はウォール街に流れ込み、減税と同時に軍備支出を中心とした支出拡大を推進したレーガン政権の経済政策を支えた。これはいわゆる双子の赤字を形成するが、その影響を最も深刻に受けたのは開発途上国、特に米国との経済関係が深い中南米だった。レーガン政権発足の翌年には、メキシコがモラトリアムを求めることになる。のちに失われた一〇年と呼ばれることになる八〇年代の始まりだった。

### 開発途上国の反発

一方、それまで国連化されていなかった経済問題の国連化を要求してきた開発途上国だったが、レーガン政権が反国連政策を展開する中では、もはやそのような積極的な主張を行いうる状況ではなかった。このため、八三年三月から四月にかけてアルゼンチンのブエノスアイレスで開催されたG77第五回外相会議が、国際貿易に関する決議の中の保護主義に関する条項において問題にしたのは、開発途上国に対して制裁しないように先進国に呼びかけることだった。この年は、前年にバクダッドで開催が予定されながらイラン・イラク戦争により延期された非同盟諸国首脳会議がニューデリーで開催されることになっており、またUNCTADの開催年に当たっていた。

G77は、その活動の基盤である第六回UNCTADにおいてこの問題を推進した。G77を代表して決議案を提出したソマリアは、「G77は、この会議がこの決議案を採択すべきことが重要であると確信する。なぜなら、さまざまな国際フォーラムにおいてなされたすべてのアピールにも関わらず、いくつかの先進国が政治的経済的目的のために、開発途上国に対する威圧的な差別的かつ一方的経済措置に頻繁に訴えるようになっているためである」と、その提案理由を説明した。

これに対して米国は「G77代表による米国に対する事実無根の政治的批判を認めない」、「この明らかに偏向した決議案になぜ反対票を投じたか、長々と説明する必要はない。もし開発途上国に対する先進国の経済制裁が非難されるのならば、開発途上国による他の開発途上国に対する制裁や禁輸も、また開発途上国による先進国に対するものも同様に非難されるべきである」として、石油ショックにおける石油輸出制限を例に挙げた。レーガン政権が重視したのは、「アメリカ」と一体をなす価値としての民主制であり、普遍的なそれではなかったことを踏まえれば、当然の反応だった。

またイスラエルは、「政治的理由に基づく経済的威圧措置の中止を求める決議案の提案を歓迎する。イスラエルは当初よりそのような措置の目標とされているからである」、「しかし、もし私がソマリア代表の説明を正しく理解しているのであれば、この決議案は開発途上国に対して先進国がとっている威圧措置のみを対象にしている。これでは問題の半面でしかなく、この決議案の提案国の何カ国を含む多くの開発途上国が政治的理由から威圧的経済措置に関わっている場合、イスラエルはこのような決議案を支持できない」として反対した。いわゆるアラブ・ボイコットへの批判の機会としてこの問題を利用したと言える。これに対してPLOは、イスラエルがパレスチナ人を抑圧していること、そして「イスラエルがパレスチナ人を抑圧しアラブ諸国の侵略を遂行するために、米国は二二億ドル以上を使ってきた」と反論したが、レーガン政権にとっては大きな意味は持たなかった。レーガン政権にとってPLOはテロリズム組織であり、そのような組織とは妥協をせず、毅然たる態度をとることが肝要だったのだから。

結局この決議案は、七月二日、賛成八一、反対一八、棄権七でＵＮＣＴＡＤ決議一五二として採択された。西側先進国の多くは反対し、日本も「この問題は政治的なもので、この会議には不適切であり、先進国による開発途上国に対する威圧措置にのみ向けられており、他の方面の圧力には向けられていない」と述べて反対した。またスウェーデンは「この決議で言及されている威圧措置は安保理の決定の結果としてのみ適用されるべきで、それ以外は強く反対する」が、決議は普遍性に欠けるとして棄権した。

この決議は、七四年に総会で採択された国家経済権利義務憲章第三二条、「いかなる国家も、主権を行使するにあたって、他国の主権的権利の行使を従属せしめるために経済的、政治的もしくはその他のいかなる態様の強制措置を使用し、もしくはその使用を奨励してはならない」に特に基づき、「すべての先進国は、開発途上国の経済、政治、社会開発に影響を与える政治的威圧の手段として、国連憲章の条項と相容れず、多国間で結ばれた約束を侵害する、開発途上国に対する貿易制限、封鎖、禁輸及び他の経済制裁を行うことを避けることを再度表明」した[6]。

開発途上国側は、九月に始まった国連総会でもこの問題を推進し、Ｇ77を代表してメキシコが同様の決議案を提案した[7]が、ＵＮＣＴＡＤと同様の議論が繰り返された[8]。この決議案で名指しこそされていないものの非難の対象だった米国はもはや発言せず、記録投票による採択を求めるのみだった。一二月二〇日の本会議において、賛成一一九、反対一九、棄権五で決議が採択された[9]。

なお、当時の米国は投票に際して頻繁に記録投票を求めている。非同盟諸国首脳会議やＧ77の外相会議の開催と同時期の八三年三月七日に、米国上院特別財政支出委員会小委員会でカークパトリック国連大使が証言したが、(10) 彼女は特に国連と中米の問題について述べ、中米政策についての議会の支持を求め、その資料として各国の国連総会における投票がどの程度米国に同調しているかをまとめたものを提出している。(11) 米国が求めた記録投票は、米国が他国に対して行う圧力や援助に反映されたのである。ちなみに日本は、決議全体の同調度は必ずしも高くはないが、彼女が示した一〇の重要問題に関する同調度では、西独、英国、イスラエルとともに最高点を示していた。

さて、レーガン政権はもちろんこの決議を顧みなかった。同様の決議案が八七年まで提出され、採択され続けたが、八五年に日本が発議し八六年に採択された国連行革により、経済社会関係の議題の一部の審議が隔年に変えられ、(12) この問題は具体的な成果を挙げないままに終わった。

### レーガンに蹂躙されるニカラグア

ＵＮＣＴＡＤにおけるＧ77の提案説明は、次のようにも述べていた。「（先進国の途上国に対する威圧に関して）Ｇ77は特に、ニカラグアの多国間財政機関の資源に対するアクセスを制限する圧力、そして最近の米国市場への砂糖輸出の割り当ての劇的削減、ニカラグア貿易の通常の発展に対する間接的な侵害措置に関心を持っている」。ここにあらわれているように、この件に関して特に問題になっていたのは、レーガン政権が露骨な姿勢を見せたカリブ海・中南米に対する干渉、中でもニカラグアに対する制裁だった。ＵＮＣＴＡＤにおいてニカラグアは、この問題の審議においては発言していないが、一般討論における包括的な演説において次のように述べている。

「すべての国は、貧富を問わず、(この年のG77外相会議でなされた)ブエノスアイレス合意で示された理解と協力の精神に従い、危機を克服するために団結しなければならない。これに関してニカラグアは、ニカラグアおよび第三世界諸国が犠牲となっているある超大国の陰謀と、GATTの合意と法規を侵害し、経済回復に関するウィリアムズバーグ宣言に甚だしく矛盾するその超大国の行動に直面し、広く連帯することを呼びかける」。ウィリアムズバーグ・サミットでは、「保護主義に歯止めをかけること」、「貿易障壁を撤廃」、「多くの開発途上国の債務の重荷につき、憂慮の念を有し」、途上国への資金の流れに「特別な関心が払われる」などが合意されており、ニカラグアはそれを援用したのである。レーガン政権が自国民に向けて語ったのに対して、ニカラグアはGATTやサミットを引用し、米国の文脈から見ても理解しやすい議論を組み立てている。

七九年、ニカラグアでは独裁的なソモサ政権を倒して革命政権が成立していたが、レーガン政権はこれを敵視しさまざまな形で介入した。キューバとニカラグアの勢力がエルサルバドル、グアテマラ、ホンジュラスなどの中米諸国にドミノ式に波及し、米国にとって死活的な脅威となるのを防ぐという理屈だった。中米は、南部アフリカや中東と並んで、レーガン政権の外交政策の特質が先鋭化した、つまりその被害を最も大きく受けた地域だったと言うこともできる。そしてレーガン政権は、八二年には米国系の企業をニカラグアから撤退させ、コントラと呼ばれるソモサ派の反政府ゲリラを積極的に支援するなど、直接間接に圧力を強めていた。開発途上国に対する経済制裁問題においてニカラグアが特に言及された背景には、このような事態があった。ニカラグアと米国の問題は、米国による途上国に対する軍事介入や経済制裁を象徴する意味を持っていたのである。

## ニカラグアの対抗努力

ニカラグアは八二年の安保理選挙に当選し、八三年から八四年にかけて安保理非常任理事国を務めていた。八四年三月二九日付の書簡[13]によりこの問題を安保理に提起し、米国がニカラグアの港に機雷を敷設していることを非難する決議案[14]を安保理に提出した。しかし四月四日に、賛成一三、反対一（米）、棄権一（英）と、米国の拒否権により葬り去られた[15]。これを受けて、四月九日、ニカラグアは国際司法裁判所（ＩＣＪ）に提訴した。五月一〇日、ＩＣＪは米国人判事を含む全会一致で、暫定措置として、米国に対して機雷敷設などの妨害措置の即時解除を命じたが、米国はこれに応じなかった。それどころか八五年五月から、ニカラグアが近隣諸国の転覆活動を行い、軍拡を進め、キューバやソ連に接近しているなどとして、この国に対して正式に経済制裁を始めた。これに対してニカラグアは制裁や介入の中止を改めて安保理に訴え、決議案[16]を提出した。この決議案は前文と主文を併せて一六節からなっていたが、米国は「すでに合意できている実体的な分野を記録する[17]」ことを理由にこの全節を分割して投票することを求め、ニカラグア制裁を遺憾とするなどの中心的な節に拒否権を行使し、決議案を骨抜きにした。しかし、一六節中一〇節は全会一致で採択された。決議案の一部の節の分割投票が求められることは珍しくないが、このようにある程度以上の長さを持つ決議案を全節分割投票することは前代未聞だった。加えて、分割投票された節の大半が全会一致で採択されたことも、投票手続きから見れば奇妙だった。拒否権の行使もさることながら、この分割採択要求自体が嫌がらせにほかならなかった。

この否決を受け、ニカラグアはこの問題を総会に持ち込んだ。安保理、ICJ、総会と、ニカラグアは国連においてこの問題を扱いうるすべての可能性を試みたことになる。提案国には中南米のメキシコとペルーも加わり、賛成九一、反対六、棄権四九で採択された(18)。米国の影響を強く受けると同時にその露骨な干渉の対象である中南米諸国は賛成と棄権に割れた。その中で唯一米国とともに反対したのは、八三年に米国が侵攻したグレナダだった。

この時米国が述べた反対理由は、これは政治問題であり、経済問題を担当する総会第二委員会で審議すべきではない、二国間の貿易関係の措置は国際法に反しない、南アフリカやイスラエルに対して経済制裁を行っている国がこの場合だけ非難するのは理不尽というものだった。この筆頭の理由が、先に見た、日本がUNCTADで反対した理由と同じだったことは、もちろん偶然ではない。

八六年六月二七日、ICJはニカラグアの訴えに対して判決を下した。この判決は一六節からなり、ニカラグアと米国の両国に平和的解決を呼びかける最終節のみが全会一致で採択されたが、他の一五節は一五人の判事の見解が分かれた。米国の判事は一二の節に反対票を投じたが、これに次いで反対が多かったのは日本の小田滋の一一回、次に英国の判事の九回、他は中国など四カ国の判事が一回ずつ反対しただけだった。一五人の判事の中でも反対意見が多い、つまりその主張が他の判事に受け入れられることが最も少なく、九六年には核兵器の違法性に関する勧告的意見においてただ一人門前払いを主張して一般にも有名になる小田判事の、面目躍如たる姿勢があらわれていた。

この判決は米国の訴えを全面的に退けるものだったが、米国は受諾を拒否した。これに対しニカラグアは判決の出た即日で安保理に緊急会合を要請するが[19]、米国に判決への同意を求める決議案は反省一一、反対一（米）、棄権三（英、仏、タイ）で否決された。なおタイの棄権理由は、国内の選挙が終わったばかりで政府ができていないためというものだった[20]。ニカラグアは一〇月にも緊急安保理の開催を求めるが[21]、一〇月二八日に、三カ月前と同じ投票結果により再び否決された[22]。

米国の拒否権により安保理決議が再度否決されたのを受けて、一〇月二九日ニカラグアはこの問題を開会中の総会の議題に組み入れるよう要請する[23]。これに対して米国は、すでに議題として上程されている「中央アメリカ情勢」と合併させることを提案するが、議題案を審議する一般委員会ではニカラグア案が無投票で採択されたのに対して米国案は賛成九、反対一〇、棄権六で否決された[24]。ニカラグアの提案する決議案は一一月六日に[25]、賛成九四、反対三（米、イスラエル、エルサルバドル）、棄権四七で採択された[26]。また一二月五日には前年と同じく「ニカラグアに対する貿易制裁」と題する決議が採択された[27]。昨年反対したグレナダは今回は棄権に転じ、反対はイスラエルと米国の二カ国になった。その後も八九年まで同様の決議が毎年採択されたが、米国の制裁は革命政権が敗退するまで続けられ、イスラエルと米国はこの決議に対しても最後まで反対を続けた。

## 非公式化する矛盾

このような動向と併行して、七二年に大議論を呼んだテロリズム問題が一つの決着を見た。八四年一二月一七日、総会が「国家テロリズム政策および他の主権国家の社会政治機構を損なうことを目的とする国家によるあらゆる行動の非容認」決議[28]を賛成一一七、反対〇、棄権三〇で採択するのである。提案国はソ連で、棄権は西側諸国だった。さらに翌年には「諸国間の関係および諸国の安全を危機に陥れるものを含めたいかなる場所におけるいかなるテロリズム行為、その手段および実行を、犯罪として明快に非難する」ことが決められる。[29]前年の決議は七二年以来の流れとは異なるものだったが、八五年の決議は七二年以来の長い名称を引き継いでいた。この問題が付託されていた第六委員会の委員長提案として提出されたこの決議案はコンセンサスで採択された。テロリズムとは何かという問題は、米国がいわば世界最大のテロ国家となる中で結論を見たのである。

ただしそれは、かつて問題となったテロリズムの原因が解決されたことを意味するものではなかった。むしろ、レーガン政権の単独主義の下で開発途上国の力が失われた結果だった。かつて開発途上国は、その真意はともかくも、少なくとも建前だけではアラブの大義や植民地主義への反対を口にしていた。しかし今や、口先だけの反発を示すこともできなくなっていたのである。例えば、米国が国連を批判する象徴となった七五年のシオニズム非難決議が九一年一二月一六日に撤回されたが、その際、七五年には提案国に加わったアラブ諸国のうち、エジプト、モロッコ、バーレーン、クウェート、オマーンなどの「穏健派」は欠席した。これがアラブの大義を象徴する問題だけに撤回に賛成することもできないが、反対または棄権をすることもできなかったのである。それは各国国民と政府の間の距離が開き、またそれぞれの政府が持っているさまざまな矛盾が露わになることをも意味した。表面的な体裁を繕うことすらできない開発途上国の政府は、それ以上に国民生活に対応することができなくなっていたのだから。これは、国際金融機関の構造調整政策を招いた。

政府が福祉や教育などへの対応不全を起こし国民の生活水準が低下したことと、表面的な大義を口にして国民を精神的に慰撫することもできなくなったことの結果、いわゆるイスラム原理主義の影響が拡大した。特に若者を中心とするパレスチナ人が、完全武装するイスラエルの正規軍に対して投石で抵抗するなどの絶望的なインティファーダが始まるのは、八七年末、つまりテロリズム問題で合意が形成された後のことだった。

開発途上国の政府が力をなくしたゆえに、政府間で公式に合意を見ることは容易になったが、政府から見捨てられた人々が独自に抵抗を始めたのである。これは公式の場で論じられていたテロリズム問題が非公式化したことも意味した。例えばレーガン政権のように、政府が政策として公然と他国に非合法に介入し、その政権の転覆などを謀る場合には、その行動の統制は容易である。政府がその政策を転換させれば、問題は終わる。しかしインティファーダのような自然発生的な活動の場合は、交渉を通じた妥協どころか、交渉の場を設けることすら難しくなる。

そして特にインティファーダの発生と前後して勢力を拡大するのがいわゆるイスラム原理主義であり、例えばハマスが結成されるのは八八年二月のことだった。これらのいわゆるイスラム原理主義勢力が病院や学校などを運営し、政府の対応がおろそかになっている国民生活を重視するとともに、政府が表面的な抵抗すらできなくなっている対外的な関係、中でも米国とイスラエルにその焦点を当てたのは、当然のことだった。

またこれらのことは、開発途上国が試みた革命が、時代精神の実施機関としての国連が確固とした存在であり、先進国が国際民主制を否定できないとのいわば幻想の上に成り立っていたことをも示していた。「失われた一〇年」に失われたのは、普遍的価値としての時代精神でもあった。

一方、開発上国政府が国民を精神的に慰撫することすらできなくなったのとは対照的に、レーガン政権は国際的な舞台においてすら国内向けの理屈を語り続けることにより国民を精神的に満足させた。このことは米国国内の保守派に勢いを与えた。九〇年代以降、特に二〇〇二年九月の小泉・キム会談以降の日本の精神状況と共通する事態が生じていたのである。

## 2 国連ルネッサンスの意味

### 妨害されるナミビアの独立

レーガン政権の単独主義により疲弊した開発途上国は、その本来の主張を撤回せざるをえなくなる。比較的に経済的な余裕がある中東地域では原理主義が力を持つことにより対立が非公式化するが、崩壊国家にまで至ってしまった場合にはこのようなことも起こりえず、開発途上国側のいわば全面的な敗北となる。この好例として挙げられるのがナミビア問題におけるアンゴラである。

南ローデシアが白人少数派政権の維持が不可能であることが明らかになっていた七八年、南アフリカが不法支配していたナミビアの独立へ向けて西側諸国も工作を始めた。安保理の非常任理事国一〇議席は、西欧ほかグループが二議席、アフリカ・グループが三議席などに割り当てられているが、九月二九日には、当時の西側の安保理理事国である仏米英加西独とアフリカ地域から選出されていた三カ国が自由選挙を実施するためのPKOを設置することを提案し、採択されていた。[30] しかし南アフリカは、ナミビアに北接するアンゴラ領内からキューバ兵が撤退することをナミビア独立の条件とし、ナミビアを利用したアンゴラ侵略を続けた。このような主張は当然に認められず、七九年には安保理は南アにアンゴラ侵略中止を要請する決議を二回にわたって採択していた。[31]

これに対してレーガン政権は、南アの主張を全面的に後押し、さらに南アが支援していたアンゴラの反政府勢力を「自由の戦士」と称した。この結果、八〇〜八八年の間にアンゴラは五〇万人の犠牲と三〇〇億ドルの損失を被ることになった。[32] これは当時のアンゴラの人口の五%を超え、GNPの六倍に達する被害だった。このような南アの動きは再三総会から非難され、また安保理においても非難決議が繰り返された。レーガン政権ですら拒否権を行使することはできなかったのである。[33]

## 米国が利用するPKO

さて、PKOは、宥和政策への反省から形成された時代精神とは必ずしも相容れない、妥協的活動だった。その役割は、停戦の確保などにより外交的解決つまり話し合いのための環境をつくることであり、ＰＫＯそれ自体が紛争を解決するのではない。紛争解決それ自体はあくまで外交的手段を通じて達成され、ＰＫＯはその道具の一つである。したがって、ＰＫＯがいつまでも展開していることは紛争が根本的な解決を見ていないことを意味し、決して望ましいことではない。四八年に設置された初の停戦監視団である国連休戦監視機構、また五六年に設置された初の国連平和維持軍である国連緊急軍がともに中東問題を契機にし、その後も中東問題がＰＫＯの焦点であり続け、また七八年に設置された国連レバノン暫定軍がその名に反して二一世紀を迎えた今も駐留を続けていることは、さまざまな紛争の中でも中東問題が特に解決困難な背景を持ち、そして現に解決をしていないことの当然の帰結だった。同様にＰＫＯが確保する停戦が妥協的なものである以上、それは往々にして「強い側」に有利なものとなる。このためＰＫＯの展開が長引き、事態が固定化することは、強者にとって有利な状態を招くことが多い。そしてレーガン政権が、自らが敵と認識した者に対しては妥協を拒み、軍事力に強い信を置いてその敵に対し、しかも国際協調を拒絶したことは、ＰＫＯが妥協的活動であるからこそ持っている矛盾が拡大することになった。つまり、ＰＫＯが侵略した側を守るような状態に置かれたのである。この傾向は特に中東において顕著だった。

　この意味で、ＰＫＯから最も大きな利益を得てきたのは米国とイスラエルだと言うこともできる。例えば、八〇年一一月五日の国連総会特別政治委員会で、米国はＰＫＯを「国連が生みだした工夫の中でも最も偉大なものの一つであり、国際の平和と安全の維持に対する最も重要な貢献の一つ」

と述べ[34]、翌八一年一一月一三日の特別政治委員会でも「ＰＫＯ、そして特に干渉を排除することによる平和維持措置の発展は、国連の成功の一つである。ＰＫＯのための機構的基盤が安定していることが、国連の強さと重要性の基礎となっている[35]」と述べるなど、きわめて高く評価していた。

通常ならば、類似の演説を二年続けて行うことは不思議ではない。しかしこの時は状況が異なっていた。前者が、その前後の政権に比べて国連を重視し、リベラル派の黒人、アンドリュー・ヤングを国連大使に任命したカーター政権下の演説だったのに対して、後者はカーター政権とは対照的なレーガン政権下の演説だったのである。反国連政策を掲げ、最大のテロ国家にまでなったレーガン政権が高く評価したことに、逆にＰＫＯの矛盾と限界が示されていた。

これに対してナミビアでは、外交努力によりまず合意が形成され、それを実行するものとしてＰＫＯが設置されていた。ナミビアＰＫＯの設置は、ＰＫＯを大きく転換させるものでもあった。そのような意味を持つナミビアのＰＫＯが、設置はされながらも、実際には発足することすらできなかったのは、当然と言うこともできた。

しかし、レーガン政権に後押しされた南アの侵略の前に、アンゴラは南アの主張を受け入れざるをえなくなり、八八年、米国の仲介の下、アンゴラ、キューバ、南アの間で合意が成立した。これに基づいてキューバ兵のアンゴラ撤退を監視するＰＫＯ、第一次アンゴラ検証団が設置され、八九年一月三日に活動を開始した。七八年に設置されながら一〇年間にわたって店ざらしにされていたナミビアのＰＫＯが活動を始めるのは同年四月一日のことだった。アンゴラ検証団が三カ月間早く活動を始めたことは、南アの理不尽な主張が通ったことを物語るものにほかならなかった。一言で言えば、アンゴラは一〇年以上にわたって続いた南アの侵略とレーガン政権の単独主義に敗北をしたのであり、その後始末を行うものとして国連が脚光を浴びるようになったのである。

そして合意の実行を行うナミビアの活動、およびこれを直接に引き継いで設立されたカンボジアとモザンビークのＰＫＯは、国家建設に直接に関わった。それは国家建設の国連化と言ってもよい。ただし、これらの活動がレーガン政権の介入により一方が事実上敗北することにより成立しえたことは、八〇年代末から現実化した国家建設の国連化が、レーガン政権の単独主義の後始末の意味を持つものだったことを示していた。しかしそれにしても、和平交渉が進むようになったことに変わりはなかった。この結果もあってこの頃からＰＫＯが急増し、また八八年にはＰＫＯがノーベル平和賞を受賞することになった。

### イラクのクウェート侵攻と国連の軍事化

このような中で、一九九〇年八月二日にイラクがクウェートに侵攻した。ここで安保理はそれまでは南ローデシアに対する一例しかとられたことがなかった経済制裁を早くも六日には決定し[36]、一一月二九日には「クウェート政府に協力する加盟国」に対して九一年一月一五日までにイラクが安保理決議に従わない場合には「すべての必要な手段を行使する権限を与える」ことを決めた[37]。いわゆる武力行使容認決議である。五〇年に朝鮮において米軍に武力行使を認めて以来、武力行使は非国連化されていた。その凍結されていたはずの軍事的な国連が突然に蘇ったのである。しかも国連の統制の下の武力行使ではなく、特定の国に権限を付与する朝鮮戦争型の姿で。

それまで米国が試みてきた非国連化は、ソ連または開発途上国が国連を利用しうる分野を狭めることを目的にしていた。しかし米ソ対立が終わり、加えて開発途上国が力を失ったため、もはやそのようなことを行う必要もなくなった。一方、これまで武力行使を行う際には万能とも言える理屈だった共産主義の脅威がなくなったことは、武力行使の根拠となる新たな理屈が必要となったことを意味した。この結果、武力に裏づけられた平和という時代精神、すなわち「国際の平和及び安全の維持」を改めて国連化する必要が生じていた。

しかし、武力行使は早い段階で非国連化され、国連の名による武力行使が現実化することは想定されてこなかったために、現実化した場合への対応の準備は加盟国にも事務局にもない。武力行使については慣習上の積み重ねがないのである。この結果、これが具体化する上では安保理の権限が強大になる。もちろん、憲章上の規定として武力行使に関する安保理の権限は大きい。そして特に安保理常任理事国の権限は絶対的だが、ことはそれに収まらない。武力行使に関する国連の経験がほとんどなかっただけに、国連事務局の法務担当者が口を挟む余地が少なく、安保理理事国の合意がすなわち決議となったのである。このような中で突如軍事的国連が復活したことは、武力行使が非国連化されたがゆえに積み重ねられてきた非軍事的国連が根本から揺らいだことを意味した。

この当時、国連ルネッサンスなどの言葉が盛んに言われた。しかしそれは、五〇年代末より積み重ねられてきた非軍事的国連がその力を発揮し始めたのではなかった。レーガン政権が拡大した紛争の後始末としての役割と、それまで想定されてこなかった米国の主導による軍事的国連の復活、つまり米国の保守派にとって国連の使い途が増したことがその背景にあったのである。

軍事的国連の復活は、軍事面における時代精神の変化を象徴していたPKOに変容を迫ることになった。PKOが急速に軍事化するのである。それがいわゆる国連軍であれ、多国籍軍であれ、国連の名による軍事行動が安保理の専権事項であり、PKOも同様に安保理が設置の権限を持ち、軍事的国連の復活が安保理における対立の解消によるものである以上、これは当然のことだった。特にこれを象徴したのが、九二年六月一七日に、ブトロス＝ガリ事務総長が公表した『平和への課題』と題する報告書であり、同年一二月に設置されたソマリアへの多国籍軍だった。

『平和への課題』の作成は直接には九一年七月のロンドン・サミットに起源を探ることができる。ここで先進国は、「われわれは、潜在的な侵略者に対して侵略行動の帰結がいかなるものであるかを明らかにすることによって将来の紛争の回避に資するよう、予防外交を最優先課題とする。平和維持における国際連合の役割は強化されるべきであり、われわれは、これを強力に支援する用意がある」と宣言したのである。それまで予防外交という言葉は、紛争の顕在化を外交的に未然に防ぐという意味で使われてきた。しかしここでは、軍事的な威圧を意味している。そしてこれはそれまで確立してきたPKOのあり方とも異なっていた。先進国が表明したは国連の軍事的強化だった。九一年は、ペレス＝デクエヤル事務総長の任期が切れ、新たな事務総長を選出する年でもあった。

ここで安保理は安全保障を重視するブトロス＝ガリを事務総長に選出した。彼の任期は九二年一月に始まったが、この月の安保理議長国は英国だった。英国はこの機会に安保理の首脳級会合の開催をもくろみ、このことは一月二日には明らかにされていた。[38] これは一月三一日の安保理初の元首級会合、安保理サミットとして結実した。議長を務めたメージャー英首相は、「事務総長は、潜在的紛争に安全保障理事会の注意を引くため、大胆なイニシアティヴをとるべき」で、「この会合は彼にそのような保証を与えるべきである」と述べ、ブトロス＝ガリの主導について他の国にはない積極的な態度を見せた。そしてこの会合で出された議長声明は、この就任したばかりの事務総長に対して報告書の提出を要請した。国連の広報誌も、「予防外交、平和創造、平和維持に関する報告を要請」という見出しを掲げ、トップで報じたように、[39] これは安保理サミットのまさに目玉だった。

## 『平和への課題』

この要請に応えて作られたのが『平和への課題』だったが、ここでブトロス＝ガリは、PKOよりも重武装の平和強制部隊を提案するなど、それまで確立してきたPKOの枠組みを踏み越える議論を行った。さらにこの二〇日後の七月七日に発表されたミュンヘン・サミットの政治宣言は、この報告書に対して、「『平和への課題』と題する事務総長の報告は、予防外交、平和の創出および平和維持に関する国連の事業に対する価値ある貢献である。われわれは、国際の平和と安全を維持するために必要な政治的支持および手立てを提供する用意があることを事務総長に対して保証する」

と、全面的な支持と支援を示した。しかし、経済を非国連化するために作られ、その後政治化を進めてきたサミットが、それまで国連に関して言及することは多くはなかった。事務総長に触れる場合も、イラン・イラク戦争やキプロス紛争などの先進国が取り上げにくい問題に集中しており、このような方向性も定まらない報告書に対して全面的な支持を与えたことなどかつてなかった。

この報告書の作成を英国が積極的に主導し、しかも発表後には全面的な支持を与えた以上、その内容に安保理理事国、特に常任理事国が関わったのは当然だった。九二年六月九日、『平和への課題』が公表される八日前、米国連邦議会上院の公聴会で国際機関担当のボルトン国務次官補は、事務総長が兵員派遣を求めているか否かについて、民主党のレヴィン上院議員に再三尋ねられた挙げ句、「現在、われわれは彼(ブトロス＝ガリ事務総長)および、安保理サミットが要請した平和維持に関する報告の執筆の責任者であるペトロフスキー事務次長と協議を重ねており、問題全般に関して数多くのアイデアを彼に提供している」と答えていた。ボルトンはさらに、「例えば人道的介入の権利と呼ばれるもののように、平和強制を想起する数多くの考えがある。これも(PKOと)同様に発展しており、将来の国連の活動に関わりを持ち得るだろう[40]」と、平和強制、すなわち武力によって平和を回復することや、その後問題になる人道的介入についても触れていた。

『平和への課題』には、「直接米政府が関与したわけではないが、民主党系のシンクタンクが影響力を発揮したことは間違いない」とし、この中で提唱された平和強制の概念は、「武装解除を強行しようとしたこと。武力のみに頼りすぎたこと。いずれもガリ事務総長の勇み足」のために、「いつのまにかゆがんでしまった」とする指摘がある。(41) しかし、以上の点だけを見ても、『平和への課題』は民主党系の学者が関与して作られたと単純に言うことはできない。

また、ブトロス＝ガリとクリントン政権の両方に影響力を持ち、この作成にも影響を与えたと言われる国際法学者、リチャード・ガードナーが、九二年九月二四日の連邦議会上院外交委員会の公聴会で証言しているが、彼は、国連軍のために各国が兵力を提供する特別協定の締結を定めた国連憲章第四三条の重要性を繰り返し指摘し、小規模のPKOや平和強制活動のために、国連の指揮の下に小規模の「国連警察」を設置することも提案し、「現在、私が現実的と確信する」案として、常任理事国が四三条による協定を検討することを主張するにとどまった。また、各国の待機部隊のために訓練や装備の標準化や国連指令官の下での共同演習も提唱し、ブッシュ大統領がPKO費用の支払いや米軍の一部をPKO用に指定することに言及していないことを批判している。さらに同じ公聴会で、ウォールセイ元海軍次官がFBIの特殊攻撃部隊SWATに触れたことに反論し、SWATは政治問題で海外に出動すべきではない、これは四三条の下の問題だと主張した。(42)

ガードナーのような議論は、非国連化されてきた武力行使を国連化するための問題としてそれまでも国際法学者の間で論じられてきたことであり、湾岸戦争で実現し、その後も繰り返された多国籍軍方式などとは異なる。ましてや、九九年三月二三日にNATOが始めたコソヴォ爆撃や、〇三年三月二〇日に米英が始めたイラク爆撃において国連が無視されたこととは全く異なる。その意味でガードナーの主張は、政治的と言うよりも学問的で、そしてその分だけ法的な仕組みに重きを置いたものであり、その後に『平和への課題』が具体化する中で意味を持つものではなかった。

また当時は米国大統領選挙の最中であり、しかも対立するクリントン候補は国連重視を打ち出していた。その中で英国が主導して作成された『平和への課題』に関して、ブッシュ政権がその意志を表明しなかったと考える方が不自然である。ボルトンも、「国連の平和維持活動への強い支持は米国の外交政策の基本的な方針」であり、「わが外交政策と不可分」な「外交政策の中心的な手段の一つになっている」との認識から、「政府はPKO設置のための政策の見直しと検討に積極的に取り組んでいる」(43)と明言していた。ブッシュ政権と国連事務局との交渉はこのような背景の下で行われた。『平和への課題』には学問的な議論としては、民主党系の学者の理念的な提案が取り入れられたにしても、少なくとも、ブッシュ政権が関知していないとは言えない。

またブトロス＝ガリ自身は、平和執行部隊を提案した理由を、「軽武装で、すべての関係者の同意により、戦うことが予想されていないPKOと、朝鮮戦争において国連により権限を付与された、国際の平和および安全を守るための大規模な活動の間のギャップを埋めるため」(44)と述べている。確かに、イラクのクウェート侵攻を契機に突然に軍事的国連が蘇り、経験の積み重ねがないこの分野において事務局が関与することがほとんどできず、前任のデクエヤル事務総長も常任理事国に引きずり回されるような形になったことは事実だった。この問題について、事務局としてその位置づけの確立を試みたとしても、考えられないことではない。

このように見ると、『平和への課題』に関してはさまざまな思惑があったことになる。米国共和党政権にとっては湾岸戦争型が望ましい。しかし、米国と密接な関係を持ちながらもそれに一方的に振り回されたくない英国にとっては、武力行使を国連の名によって体系化し、恣意的な要素を多少なりとも排除したほうがよい。また米国の国際法学者から見れば、国連創設の理念に立ち返ること、すなわち時代精神はそのままにしながらもその制度化が望まれる。それは当然に、国連を作り上げた米国民主党の掲げる方向性に近接する。一方、国連事務局としては、国連の名による武力行使を特定の国に授権することは好ましいことではなく、軍事的国連が蘇ったからこそこれを制度化したい。『平和への課題』の作成が提案され、それが具体化する過程ではこれらの思惑の間に駆け引きが生じていたのである。そのような中では、抽象的な理屈を論じるよりも、この報告をどのように具体化させるのかが大きな意味をもった。そしてそこで最も大きな影響力を持ったのが、この一連の動きを主導した英国と、唯一の超大国となり、地理的にも直接に事務局に直接影響力を行使できるブッシュ政権だった。このさまざまな思惑の中で、『平和への課題』は、ブトロス＝ガリの記述が正しいとすれば、少なくとも結果的には彼の思惑とは異なる形で機能することになった。

## 3　ソマリアと米国政治

### クリントン政権の誕生

ブッシュ・シニア大統領は九二年の大統領選挙に敗れ、一期で政権を去ることになった。「アメリカ」をむき出しにしたレーガンとブッシュ・シニアの一二年間の共和党政権が終わり、多国間主義を掲げるクリントン政権が誕生し、改めて国際協調が唱え直された。

七〇年代に開発途上国が確立を目指した新国際秩序は、レーガン政権下において事実上崩壊した。そのレーガン政権を引き継いだブッシュ政権は、湾岸戦争が始められた一〇日余り後に行われた九一年一月の一般教書演説で新国際秩序を提唱するが、これは開発途上国の主張が消え去った後に提唱された米国の単独主義を前提とする新国際秩序と言うことができた。しかしその寿命は二年足らずで尽きたのである。このことは、第二次世界大戦の終結後の国際秩序の確立を目指した国連創設の準備過程の際に米国で展開されたのと同様の議論が、改めて復活したことを意味した。九〇年代前半に、さまざまな形で新国際秩序が語られた背景である。

しかし、クリントン政権発足から九カ月余り後の九三年一〇月三日にソマリアで米軍のヘリコプター二機が撃墜され、米兵の遺体がソマリア人により引きずり回される映像が米国に伝えられたことによって、米国世論は大きく変化した。これを受けてクリントンは九四年三月までに米軍を撤退させることを決め、九四年五月三日に多国籍平和活動の改善に関する大統領決定指令、ＰＤＤ二五に署名した。彼はここで、「平和維持は、ある状況においては、米国の安全保障上の利益を推進する上で有効な道具となりうるが、平和維持への米国と国連の関与は、選択的かつより効率的でなければならない」、「米軍の（国連の活動への）参加は、米国の利益のための活動に他の国が参加するよう説得するために必要」だが、「もし米国の平和活動への参加が、二つの主要な地域紛争にほぼ同時に勝利するというわれわれの基本軍事戦略……と相容れない場合は、我々は国益を最優先する」。「米国の政策は、国連の平和活動の数の増加を求めることでも、そのような活動への米国の関与を探ることでもない。この政策は前政権によって始められた作業に基づいて組み立てられ、議会の同意と最近の平和活動で得られた経験に基づいて策定されたものだが、その目的は、われわれのＰＫＯの利用が選択的でかつより効果的であることを保証することである」と表明した(45)。

クリントン政権は、多国間主義、すなわち各国の意志を尊重し協調する方針を掲げて登場しながら、政権発足からわずか一年余りで、それを選択的、すなわち自国の利益を至上のものとして多国間協議の場をその下位に置くことに姿勢転換をせざるをえなくなったのである。

### 政争の具としてのソマリア介入

ここで奇妙な点がいくつかある。第一に、米国の国連政策の転換のきっかけとなった多国籍軍のソマリア派遣が、大統領選に敗れて政権が死に体となった後に決定されたことである。九二年の大統領選が決したのは一一月三日で、米国が主導するソマリア派遣決議が安保理において採択されたのは九二年一二月三日だった。その六日後の九日には早くも米軍を中心とする軍隊がソマリアに上陸している。この結果、クリントンはソマリア問題に関わらざるをえなくなり、自らが大統領選挙において掲げた積極的な多国間主義を白紙の状態から実行に移すことはできなくなった。

第二に、この活動が、当事者の要請も合意もなしに、人道上の理由で、内政問題に対して、武力行使を認めた、多国籍軍を派遣するという、国連史上初の決定だったことである。従来のＰＫＯは当事者の合意に基づき、軽武装で中立の小規模の軍隊が展開されるものだった。また国連憲章の規定では、「国際の平和及び安全の維持」が問題であり、人道上の理由や内政問題はその目的から外れていた。これらの点は個々には前例があったが、すべてが当てはまる活動は初めてだったのである。ソマリアへの多国籍軍派遣は国連史を画するものだった。そのような重要な決定を死に体の状態にある政権がなぜ主導し、また、政権の交代により先行き変化しうるような状況で他の理事国や国連事務総長がなぜ認めたのか、疑問が残る。

第三に、偏狭な単独主義を推し進めたレーガン政権を後継するブッシュ政権下において米国の国連利用が復活する一方で、多国間主義を掲げたクリントン政権において国連に関する姿勢が後退する事態となったことである。タカ派政権がハト派的な政策で成果を挙げ、ハト派的政権がタカ派的な決定に踏み込むことは珍しいことではないが、そもそもこの問題が大統領選敗北後に決定されていることと合わせると無視できなくなる。そして第四に、この当時はＰＫＯをめぐってさまざまな動きがあったにもかかわらず、なぜソマリアだったのかということである。

九二年六月九日に連邦議会上院政府問題委員会が「国連の平和維持努力」と題する公聴会を開催し、(46)九月二四日には対外関係委員会が「国連安全保障理事会の軍備」と題した公聴会を開いた。(47)これらの公聴会で重要な問題になっていたのは旧ユーゴスラヴィアの情勢だった。これに先だつ二月二八日には文民の役割がかつてなく増大したカンボジアのＰＫＯの設置が決められていたが、(48)カンボジアは和平が達成されたのちに合意を実行するための活動であり、そのあり方が大きく議論される必要はない。それに比べ、旧ユーゴスラヴィアのＰＫＯは和平を達成するためのものであり、しかも二月二一日に設置が決められたばかりで、(49)混乱は始まったばかりだった。一方、ソマリアのＰＫＯは四月二四日に設置が決められていたが、(50)これらの公聴会では大きな問題になってはいなかった。

そのソマリア問題が米国政府内で重要課題として登場するのは、ブッシュ政権で国際機関担当国務次官補を務め、ブッシュ・ジュニア政権において安全保障担当国務次官に就任したボルトンによれば、一一月、大統領選が決した後のことだった。「国務省の出世主義者（careerists）たちが、ソマリアに人道援助を直接配布するために、米兵を含む大規模な国連の軍隊を派遣することを議論し始めた」のである。そして「ペンタゴンは、極短期間で国連にとって代わる米国主導の同盟軍を国連の配給援助の枠外で派遣することを提案した。一一月二五日、ブッシュ大統領は、事務総長も合意するという条件でこの提案を承認し」、これはイーグルバーガー国務長官代行によりブトロス＝

ガリ事務総長に提案された。指揮権の所在について尋ねるブトロス＝ガリに対して、イーグルバーガーは米国の指揮下にあると答えた。そして九三年一月二〇日にクリントン大統領が就任した後はどうなるのかというブトロス＝ガリの問いに対しては、もしクリントンが同意しなければ米軍は全軍が一九日までに引き上げることになろうと応じている。ブトロス＝ガリは「そのような軍隊ならばきわめて速やかに安定をもたらせうる。私はソマリアを何度も訪れており、分かっている」と述べたという。[51]一方、ソマリアの国連代表サヌーンは、ＰＫＯの派遣ではなく対立する各派の和解の推進に力を入れることを求めていたが、安保理に容れられず、一〇月に辞任していた。

米国の案は一一月二九日の事務総長の報告[52]に取り入れられるが、ここで国連事務局は、国連に活動を移管する前に同盟軍がソマリア各派の武装解除を行うことを議論し始める。しかし米国はそのような関与を断わり、当初の案に近い形で安保理決議が成立した。米軍上陸後にも、ガリは武装解除に加え地雷除去も求めた。ボルトンは「事務総長は明らかにはるかに野心的な考えを持っていた」と言うが、この活動が人道援助を行いうる環境を整えるためのものである以上、このような要請は当然と言える。撤退後も安全な環境が保たれうるようにしなければ、意味がないのだから。ソマリアの各派の間で和平交渉がまとまるまでその駐留を求め、さらにその後の再建のための地雷除去などの作業が要求されるのも不自然ではない。つまりこれは本質的に短期で終了しうるものではなかった。和平のための環境づくりを担う伝統的なＰＫＯと同じく、和平が達成されない限り駐留が求められる性格を持っていた。駐留期限を定めることが可能な和平合意実行型のＰＫＯとは異なっていたのである。「速やかに安定をもたらせ得る」というブトロス＝ガリの言葉は、彼が同意しなければ行動しないと強調する米国に行動を促すためのものだったのかもしれない。もしそうならば、確かに彼は「野心的」だった。

## 国連の指揮下に入った米軍

一カ月余り後、「積極的多国間主義」を掲げるクリントン政権が発足する。国連を敵視したレーガン政権とその後を受けたブッシュ政権の姿勢からの転換だった。しかしクリントン政権のそのような姿勢に拠らずとも、ソマリアにおいて積極的かつ大規模に関わった以上、米軍を全面的に撤退させることができないのは明らかだった。そして九三年五月四日、米軍は国連の指揮下に入った。

五月一一日、下院外交委員会はソマリアにおける米軍の利用の権限を付与する合同決議に関する報告を提出した。これには共和党議員一三人が反対し、少数意見を付加している。「本来ブッシュ大統領が希望回復作戦（九二年一二月の米軍の介入――河辺）で示した政策は正しいものと確信する。緊急の人道的危機に直面し、食糧の配給環境の保証を生み出すために米軍はソマリアに派遣され、その使命が達成され次第撤退することになっていた。アメリカ人はこれは最長でも数カ月しか必要ではないという保証を受けていた。米国の使命が達成された後は、ソマリアの安全のために必要な範囲の責任は国連平和維持軍が引き受けるはずだった。現在五カ月が過ぎているが米軍は未だにソマリアにおり、政府はさらに一七カ月駐留させることを計画していると言う」、「私達は、議会は、本来ブッシュ大統領が示した政策に立ち戻ることを政府に求めるべきであると確信する」[53]。ブッシュ大統領は九二年一二月一〇日、下院議長に書簡を送り、「われわれはソマリアに展開された米軍を戦闘に巻き込ませるつもりはない」と説明していた[54]。

九三年一〇月三日に米軍のヘリコプター二機が撃墜されたことを受けて、クリントン大統領は九四年三月までに米軍を撤退させることを決めた。一九日と二〇日、上院外交委員会はオルブライト国連大使らを招いて公聴会を開催する。二日間の公聴会は、共和党保守派のヘルムズ議員の「このような会合は止めなければならない」という皮肉な言葉で始められた。二〇日、オルブライト国連大使は、「多国的平和維持は潜在的に価値ある外交政策の道具だが、われわれ自身の重要な利益を保護することはできない。強固な同盟関係および強い国防の維持を軽んじるべきではない」、「国連平和維持費用の米国負担を削減すべき」、「いかなる状況であれ、有効な指揮および統制を欠いて紛争に巻き込まれる状態にアメリカ兵を送るべきではない」、「国連PKOに関して、政府と議会の間の協議を、過去にも増して密接にしなければならない」などの九つの原則を示した[55]。すでに九月二七日のクリントン大統領の国連総会における演説[56]においてもPKOへの積極姿勢の後退が示されていたが、これがより明瞭になった。そして九四年五月のPDD二五に至るのである。米軍が国連の指揮下に置かれてからちょうど一年後だった。

しかし、ボルトン自身も議会で証言したように、「米国は安保理常任理事国として、自らが承認した平和維持活動が適切な政治的財政的支援を受けることを保証する重い責任を分かちあっている」。そしてＰＫＯは「多国間外交の最も複雑な事例」であり、「現場に平和維持活動を設置することでは外交は終わらない[57]」。繰り返すまでもなく、関与した以上、そしてその関与なくしてはＰＫＯの有効性が保たれなかった以上、簡単に撤退することができないことは当初から明白だった。しかも「ＰＫＯの規模と経費はブッシュ政権下の四年間で急増した[58]」のである。

## 軍事力の国連化の破綻

このように見ると、ブッシュ政権のソマリアへの関与と、ソマリアがクリントン政権の外交政策の躓きの石となったことを、単純に考えることはできなくなる。ソマリアへの介入が選挙運動中であれば、政権の意図も理解できる。特にブッシュ政権は、九一年初頭には湾岸戦争を契機に九割を越える支持を集めており、劣勢にあったとは言え、選挙戦終盤ではクリントンを追い上げていた。そのような中で、米軍が救援に向かう姿を各家庭に送り届けることができればその効果は絶大である。事実、映画さながらにカメラの放列の前で開始されたこの作戦は、喝采をもって迎えられ、クリントンもこの決定を支持すると表明した。しかし大統領選挙に敗れた後では意味がない。

同時にソマリアをめぐる米国の利権や世界戦略などもこの中心的な理由としては考えにくい。もしこの問題が重要であるならば、失敗することのないように、安定した形で、推進しなければならない。中途半端に関与した上にすぐに新政権に委ねては、かえって悪影響をもたらすおそれがたかい。しかしそれにしてはあまりに急な、しかも先行き不透明で不安定な状態での決定と言わざるをえない。事実、ソマリア情勢は悪化をたどり、しかも犠牲者が出た後にソマリア撤退を主張するのはほかならぬ共和党側だった。利権や死活的権益がかかっていたとは言えない。この問題は対外的な関係からよりも、国内政治の文脈から問題になった面が強い。

ここでこの問題に結論を付けるつもりはない。しかし、はっきりとは説明が付けられない状況でソマリアへの関与が行われ、それが多国間主義に転換しようとしていたクリントン政権に大きな影響を与え、PKOのあり方を左右したことは間違いない。冷戦期においては、ソ連に対抗する関係上、国連を機能させないようにするにせよ、あるいはPKOに象徴的にあらわれたように国連を利用するにせよ、いい加減なことはできなかった。しかしソ連が崩壊し、開発途上国が力をなくし、米国の力が突出する中では、米国が国連を使わなければならない必要性は低下し、同時に国連そのものを米国の国内政治における政争の具として利用できる余地が拡大したことも、確かだった。

結果的に、英国がその作成を積極的に主導した『平和への課題』が示した方向性は、ソマリアで急速に実現し、失敗の烙印を押されてしまった。また、ソマリアにも犠牲と混乱をもたらした。さまざまな意味合いを持っていたがゆえにどちらにも展開する可能性（または危険性）があった国連ルネッサンスを、国連の急激な軍事化と国連への落胆に終わらせてしまったのである。クリントンが九四年五月のPDD二五において選択的な国連の利用を表明した後、安保理は六月にルワンダに、さらに七月にはハイチに、仏軍や米軍などの派遣を認める決定を下した。軍事力に信をおく時代精神をそのままにした上で、その権限を国連が自ら一部の国に委ね、大国の選択的関与にお墨付きを与えるようになり、良くも悪くも軍事力の国連化は破綻した。さらに見逃せないのは、米国保守派の反国連姿勢に拍車がかかったことだった。

注

（1） Address to the Nation on the United States Air Strike Against Libya, April 14, 1986.
（2） S/PV. 2668, S/PV. 2670.
（3） S/PV. 2674.
（4） Proclamation 5034-Afghanistan Day, 1983, by the President of the United States of America, 21 March, 1983.
（5） ストローブ・タルボット著／加藤紘一ほか訳『米ソ核軍縮交渉――成功への歩み』サイマル出版、一九九〇年、三〜四頁。
（6） 以上Proceedings of the United Nations Conference on Trade and Development, sixth session, Belgrade, vol. II, Statements and Sumary Records.
（7） A/C. 2/38/L. 46.
（8） A/C. 2/38/SR. 46, 52.
（9） A/RES/38/197.
（10） Foreign Assistance and Related Programs Appropriations for Fiscal Year 1984, Senate, Subcommittee of the Committee on Appropriations, March 7, 1983.
（11） Ibid., pp. 513-526.
（12） 河辺『国連と日本』岩波新書、一九九四年、一九六〜一九九頁。
（13） S/16449.
（14） S/16463.

(15) S/PV. 2529.

(16) S/17172.

(17) S/PV. 2580, p. 26, para. 257.

(18) A/RES/40/188.

(19) S/18187.

(20) S/PV. 2704.

(21) S/18415.

(22) S/PV. 2718.

(23) A/41/244.

(24) A/BUR/41/SR. 4.

(25) A/41/PV. 53.

(26) A/RES/41/31.

(27) A/RES/41/164.

(28) A/RES/39/159.

(29) A/RES/40/61.

(30) S/RES/435.

(31) S/RES/447, S/RES/454.

(32) UN, "South African Destabilization: The Economic Cost of Frontline Resistance to Apartheid", 1988, pp. 3-6.

(33) 例えば、八三年のアンゴラ侵略非難決議（S/RES/545）では、米国は唯一棄権、八四年の決議（S/RES/546）では賛成一三、反対〇、棄権二（英米）、八五年の決議（S/RES/567, S/RES/571, S/RES/577）は賛成一五で採択された。

(34) A/SPC/35/SR. 23, para. 46.

(35)　A/SPC/36/SR. 32.
(36)　S/RES/661.
(37)　S/RES/678.
(38)　『朝日新聞』一九九二年一月三日。
(39)　UN Chronicle, vol. XXIX, No. 2, p. 4.
(40)　United Nations Peacekeeping efforts, Hearing before the Committee on Governmental Affairs, United States Senate, June 9, 1992, pp. 7, 18. かっこ内は河辺による。
(41)　『日本経済新聞』一九九五年一月一六日、原田勝広記者。
(42)　Arming the United Nations Security Council: The Collective Security Participation Resolution, S. J. Res. 325, Hearing before the Committee on Foreign Relations United States Senate, September 24, 1992, pp. 28–35.
(43)　Ibid., pp. 28–29.
(44)　Boutros Boutros-Ghali, *Unvanquished: A U. S.-U. N. Saga*, Random House, 1999, p. 27.
(45)　Key Elements of the Clinton Administration's Policy on Reforming Multilateral Peace Operations', "Tensions in United States-United Nations Relations", Hearing before the Subcommittee on International Security, International Organization and Human Rights of the Committee on Foreign Affairs House of Representatives, May 17, 1994, pp. 48–62.
(46)　United Nations Peacekeeping efforts, Hearing before the Committee on Governmental Affairs, United States Senate, June 9, 1992.
(47)　Arming the United Nations Security Council: The Collective Security Participation Resolution, S. J. Res. 325, Hearing before the Committee on Foreign Relations, United States Senate, September 24, 1992.
(48)　S/RES/745.

(49) S/RES/743.

(50) S/RES/751.

(51) John R. Bolton, "Wrong Turn in Somalia", *Foreign Affairs,* January/Feburuary, 1994, pp. 58–59.

(52) S/24868.

(53) House of Representative, Resolution Authorizing the Use of Unted States Armed Forces in Somalia, May 11, 1993, p. 16.

(54) Ibid., p. 29.

(55) U. S. Participation in Somalia Peacekeeping, Hearing before the Committee on Foreign Affairs, United States Senate, October 19 and 20, 1993, pp. 68–70.

(56) A/48/PV. 4.

(57) United Nations Peacekeeping Efforts, pp. 28–29.

(58) John R. Bolton, "No Expansion for U.N. Security Council", *Wall Street Journal,* Jan. 26, 1993.

# 第6章　米国の単独主義

## 1　米国保守派の国連論

### 保守派の反撃

九四年の中間選挙で、共和党は、米国のＰＫＯ経費の負担率を三一・七％から二〇％に削減することなどを唱えた一〇項目からなる公約を掲げ、歴史的大勝を遂げた。下院議長には保守派のギングリッチが就任し、共和党革命と呼ばれる急激な保守化が始まった。

すでに九三年三月五日の下院公聴会(1)で、レーガン政権時の次席国連大使で、その当時には国連を米国から追い出すとまで発言していたリッケンスタインが証言するなど、政権を追われた保守派の反撃が始まっていた。リッケンスタインは、レーガン政権の国連批判の中心を担った保守派のシンクタンクであるヘリテージ財団の特別研究員を務めていた。当然、保守派が野に下ったこの当時のヘリテージ財団は国連批判の調子を強めており、ソマリア派遣への批判が高まった九三年一二月には、「(多国間主義を主張する) クリントン政権の判断基準では、八九年にパナマで、また八三年にグレナダで行ったような米国単独による軍事行動は起こさないことになる」(2)と主張していた。

こうした主張は、ソマリアにおける米兵の犠牲を追い風にしてPDD二五によりクリントン政権の政策に明記されたわけだが、それで保守派が矛を収めたわけではなかった。共和党革命を背にした政権に対する批判としてさらに調子を強め、「国連が制裁しているか否かは問題ではなく、例えばNATOや、湾岸戦争のような地域ベースの集団行動が、国際の平和と安定を維持する上で、疑いもなく最高の方法である」(3)などとも繰り返していた。政権側もこれに応じざるをえなくなり、それは特に選挙に際して明瞭に示されることになった。例えば中間選挙を控えた九八年には国務省が「米国が国際的平和維持活動に取り組むのは国連安保理の決議がその活動を承認しているからではなく、米国の国益に貢献するからである」(4)とする広報資料を発表している。このような動きの上に、ついには九九年三月のNATOによるコソヴォ空爆などに至ることになる。

## 民主制から結果優先へ——国連改革の意味

武力行使が改めて非国連化する中で、保守派の主張は国連改革に力点を置くようになった。国連が信用に値する機関でないことは自明のことと認識されたので、その改革が問題となったのである。そして、軍事力の非国連化が決まった以上、その焦点は経済社会分野にあてられた。

リッケンスタインは、レーガン政権の政策に照らして、国連改革に関して次のように述べている。

「コンセンサス手続きは、国連財政に対する米国の拒否権を意味した」、「その後の二年間の予算はゼロ成長に押さえられたが、当時国連に満ちていた、そして今も満ちている、無駄で重複し、または古臭くなった計画には、指一本つけられなかった。しかし、この二年間の状況に基づいて、レーガン大統領自身が、議会に対してカッセバウム・ソロモン法の『精神』は満たされたと保証し、米国の支払いが再開された」、「この経験から明快な教訓が得られる。第一に、予算が採択される過程に焦点をあてるだけでは不十分である」、「第二に予算そのものは重要な問題ではなく、予算によりまかなわれているさまざまな計画、そしてその間の優先順位が毎年吟味されなければならない」(5)。

コンセンサス手続きとは、レーガン政権の国連批判を受けて日本が推進した国連改革により、国連の予算を多数決ではなく全会一致で採択するようになったことを指した。これは、非国連化のために作られた機関、例えばジュネーヴ軍縮会議がコンセンサス方式を採用していることと同様で、国連の活動に反対する少数派に対して拒否権を与える意味があった。それまでは国連の機能の非国連化がなされてきたが、コンセンサス方式の採用により、国連の中心機関の民主制が空洞化され始めたのである。言ってみれば国連そのものの非国連化だった。そして、カッセバウム・ソロモン法とは分担金の一方的削減を決めたものだった。

しかしリッケンスタインはそれでは満足しなかった。彼は、米国が国連予算に対して拒否権を持てるようになりその伸びをゼロに押さえたので、分担金の支払いを再開したが、それは国連の活動を米国の意に添うものに変えることには直結しなかった、したがって予算額の多少にとどまるのではなく個々の活動について圧力をかけるべきと、結果優先の具体的な干渉を提唱したのである。

コンセンサス制は国際民主制の手続き面を骨抜きにするもので、これは民主制の根幹に関わっていたが、その求める結果を露骨に示してはいなかった。この措置はあくまでも行政改革として合理化されたのである。現実には対米追従でありながらそれを国際協調などの言葉でカモフラージュしてきた日本が主導した案にふさわしく、中立的な措置であるような形式が整えられていた。

### 「アメリカ」の優先

しかし米国の保守派は政治的に形式を整えることよりも、明快に方向性を示すことを望み始めたのである。それまでは理念としての「アメリカ」を保証する制度こそ民主制であると認識され、両者は一体化していた。だからこそ国際的な場においても民主制の推進が唱えられてきたが、保守派は両者を分離し、具体的な結果としての「アメリカ」をはっきりと優先させたことになった。ただし、このような露骨な主張を政府がそのままの形で国連において展開することはできない。それがクリントン政権の掲げる方向性に反するだけではなく、米国が理念を掲げ、国連が理念に基づいている以上、そもそも理屈として成立しえないためである。これは実現を目指した主張と言うよりも、野に下った保守派が政権を攻撃するための政治的な発言だった。同時にそれは政治的な実をあげることよりも示威そのものが目的となり始めたことを意味した。そして、九四年の中間選挙において保守派が勝利したために、政権批判はさらにエスカレートした。逆に九六年の大統領選挙では、議会で多数を制しながら敗北して多数派野党となったことから、原理主義的な政権批判が続いた。

このような見解の上に立って、圧力をかける手段として、「アメリカの外交政策上の利益とその指導的地位を、米国の主権を損なうことなく世界中で推進するために、議会は、特定の改革を（国連に）要求するための道具として米国の（国連分担金の）滞納を利用すべきである」[6]という主張も出て来る。上院国際活動小委員会のグラムス委員長が、「（九七年にアナン事務総長が出した国連改革案の）作成過程のすべての段階で、上院は国連と協議してきた。……米国は、国連をより効率的、より効果的かつ財政的に確立した機関にするために支援できる。ただし、国連と他の加盟国が最終的にアメリカの納税者にとって責任あるものになろうとする意志に立ち戻る場合に限って」[7]と言い放つ背景だった（かっこ内はいずれも河辺による）。

多国籍軍方式であれ、ＰＫＯであれ、たとえそれが都合の良い時には利用し、都合が悪いときには無視する選択的な関与であっても、軍事的な面においては米国は積極的に国連を利用しようとしていた。しかしここでは行革自体が目的化し、国連を弱めるための改革のための改革とでも呼ぶべきものになった。武力行使の非国連化が完成した後の六〇年代から七〇年代にかけて、経済社会分野における国連のあり方が問題になったが、それと同様の手順が踏まれたことになる。ただしそれはかつて以上に否定的な面のみが中心となり、国連が経済社会分野において活動することそのものを妨害する、負の関与とでも言うべきものとなった。リッケンスタインの主張が踏襲されたのである。理念としての「アメリカ」が優先された以上当然の帰結だった。

## 国連の機能縮小化政策

この結果、特に改革の対象とされたのが、開発途上国が経済的な主張を展開する場であるUNCTAD、国連の援助活動における最大の資金供与機関である国連開発計画、そして九二年にリオで地球環境会議が開催されて以降続いた大規模な経済社会分野の会議だった。クリストファー国務長官は九五年九月二五日に総会で行った演説で、「改革の現実的な課題」を論じ、その筆頭で「特に経済社会機関において重複しているプログラムを合併しなければならない」と断じ、「一連の大規模な国際会議が終わった後は、会議の開催を休止し、その履行に焦点を移すべき」などと述べた(8)。

これは、開発途上国に真っ向から挑戦しただけではなく、妊娠中絶への批判や宗教的寛容性などの「文化」を争うものでもあった。例えば、アナン事務総長が九八年三月一一、一二日にワシントンを訪問し、大統領、閣僚、議会指導者と会談した際にも、共和党の議会指導者が「国際的な人口計画の資金供与に関する政府と議会の間の対立が解決するまでは、滞納を支払うための資金は提供しない」と述べた(9)。レーガン政権も新国際報道秩序などの文化の問題を重視したが、それがより一方的なものになったと言いうる。理念としての「アメリカ」を掲げた結果優先の国連批判は、論理的な議論の応酬というより、一方的な価値を押しつける、非合理的な性格を強めたのである。

なおこの年は、米国がイラクを爆撃する危険性が高まっており、特に一月二八日にはオルブライト国務長官が、イラクが兵器査察を受け入れない場合には、単独で軍事攻撃を行う方針を明確にしていた。しかし二月二二日にアナン事務総長がアジス・イラク外相と合意に至り、爆撃が回避された。米国は振り上げた拳をおろす場所がなくなっていたのである。これを受けて、武力行使の環境を整えるために、当時安保理理事国を務めていた日本は武力行使容認を導く決議案を英国とともに提案し、三月二日はこれが採択された。(10) アナンをワシントンに呼びつけたことは、アナンに対する嫌がらせと言うことができた。

ただし、保守派は時代精神を批判したわけではなかった。そうである以上、国連憲章に掲げられた目的までも捨て去ることはできない。このため、批判は特に国連事務局に向かうことになる。問題は時代精神にあるのではなく、それを実行すべき官僚組織にあると、理屈が組み立てられるのである。これは、米国保守派の伝統的な中央政府に対する不信とコミュニティの重視とも相まって、米国社会に受け入れられやすい主張だった。

この結果、保守派は「クリントン政権は、国連改革が大いに必要だということに気がついた。かつて『積極的な多国間主義』を採用した大統領でさえ、国連が米国の納税者の金を無駄にしていることを認識したのである」、「国連の官僚主義が動くのを待つのではなく、米国は真の改革に向けて、必要な改革のために圧力をかけることを主導しなければならない」などとし、具体的には、ＰＫＯ経費の削減、大規模会議の資金の制限、国連開発計画の資金の制限をすべきと主張した。(11) またブトロス＝ガリの再選に関しても強く反対したが、「再選すれば国連改革に対して大変な妨害になろう」、「(ブトロス＝ガリは) 自らの権限とすでに過剰に拡大している国連の官僚主義の拡大を、強く求めている。クリントン政権がブトロス＝ガリの権力欲を思いとどまらせることに失敗した以上、政府は彼の再選計画を防ぎ、より適切な後継者を探すために、強硬な外交手段をとらねばならない[12]」と、行革を理由にした。つまり、国連の機能の縮小自体が政策目的になったのである。

## ならず者国家論の意味

米国では、国際民主制を否定する理由としてかつてはソ連の脅威が示されてきたが、もはやソ連は存在しない。冷戦は米国の勝利に終わったと認識されている。そうであるのならば、民主制のチャンピオンである米国と国際的民主制の間には矛盾がなくなったはずであり、クリントンが多国間主義を主張することも問題がないことになる。ところが現実には米国の主張、特に保守派の主張に対しては、国際的な強い批判が寄せられている。そこで保守派にとって国際的民主制を容認しない新たな理屈が必要になる。ここで盛んに使用され始めるのが「ならず者国家」などの言葉だった。

法を無視し、正義を踏みにじるのがならず者である。このような存在は処罰される対象であり、彼らには民主制が保障する人権は適用されない。同様にならず者国家も公民権を停止され、さらに制裁を受けなければならない。具体的には経済制裁や爆撃の対象となり、国際的民主制の場に参加することはあってはならないことになる。例えば、米国の関心が旧ユーゴスラヴィア情勢に向けられていた九二年には新ユーゴスラヴィアが国連の会議への出席が認められなくなったように。その後も新ユーゴスラヴィアは九〇年代を通じて制裁を受け、さらに九九年には国連を無視した爆撃まで行われるが、このような主張から見ればこれも当然のことだった。米国保守派は「IMFは国連が認めた国際的制裁の下にある国を除名すべきである」[13]と言うことになる。

共産主義も民主制と相容れないと認識されていたが、共産主義とは相互に語りあうことが可能であり、現に、対立しつつも同じ行動様式を共有していることを前提にして成立する核抑止論などを論じてきた。しかしそれが意味もなく罪を犯すようなならず者であるのならば、ホラー映画に登場する殺人鬼のように対話の可能な文明的存在ではなく、語りあうすべもないことになる。のちに、ブッシュ・ジュニアが文明の側につくのか、テロリストの側につくのかと各国に迫ったように。

そしてもし国連総会にならず者が出席し、発言し、投票しているとすれば、そこは民主的ではない。正義を貫こうとする米国がそのような場で孤立するのは当然であり、むしろそこでいたずらに妥協的な姿勢をとることの方が正義に反することになる。だからこそ、そのような国に対して米国は一方的に経済制裁を科し、軍事的行動もとってきた。つまり「ならず者国家」は、クリントンが試みた軍事費の削減に抵抗し、多国間主義を批判する意味を持っていたのである。そしてクリントンが初めて「ならず者国家」を演説で使用したのは大統領選挙を控えた九六年の一般教書演説だった。批判のための批判と化していた保守派の国連批判にクリントン政権が屈したことを意味した。

一方、国連においてはテロリズム問題がさらに進展を見せていた。九三年九月一三日にPLOとイスラエルがパレスチナ暫定自治合意に署名したことを受けて、総会は九四年一二月九日に「国際テロリズムの根絶措置」と題する宣言を伴う決議を無投票で採択したのである[14]。米国の保守派が原理主義的な傾向を強める一方で、国連では妥協が進んでいた。

またこれに先だって、七五年に採択され、米国の国連非難を象徴していたシオニズム非難決議が撤回された。(15) 米国が提案説明を行ったこの決議の提案国は八六カ国に及び、新加盟を認める決議を除くとこの年に採択された決議において二番目に、投票により採択された決議としては最も提案国が多いものだった。投票結果は賛成一一一、反対二五、棄権一三だったが、エジプト、モロッコ、バーレーン、クウェート、オマーンなどのアラブ「穏健派」は欠席した。いずれも七五年にシオニズム非難決議が採択された際には提案国だった。かつて自らがその成立を主導したアラブの大義に関わる問題を否定することは、いわゆる原理主義が力を強めている国内への対応上の意味からもできない。しかしこれが、七〇年代に米国がその姿勢を反国連へ転換させたことを象徴する問題であり、米国国内政治上はきわめて大きな意味を持つ以上、反対もできない。この欠席は、開発途上国の中では比較的に政府の力が強かったアラブ諸国ですらも力をなくしていること、その結果として、精神的にもまた福祉などの現実政策の面でも政府と国民との間の距離が拡大し、いわゆる原理主義がその勢力を拡大していること、そして米国の国連政策が自国民の認識に働きかける象徴的な意味合いを強めたことを意味した。そしてそれは、米国保守派の意向が政権に反映された場合に、米国に対する各国の反発が強まる度合いが高まったことも物語った。

## WTOの発足

このような中で九五年一月にＷＴＯが発足した。第3章で触れたように、六〇年代前半に国際貿易のあり方が改めて問題になった際には、米国は開発途上国の間に渦巻く「ＧＡＴＴを主要貿易国が管理するその利益のための道具と見なして不満」を認識していた。そして、開発途上国がＵＮＣＴＡＤの開催を主導し、これが六四年に常設化された際には、総会決議は「開発途上国の間にみなぎる包括的貿易機関への願望」に言及し、その一〇年後には新国際経済秩序の樹立が提唱されていた。そのような経緯にもかかわらず、開発途上国が発言力をなくし、米国の力が突出し、米国保守派の国際機関批判が高まる中で、包括的貿易機関が発足したのである。ＮＧＯや開発途上国から見れば、ＷＴＯはグローバル化という名の先進国による世界経済支配を補完するための機関であり、先進国から見れば、他の分野の恣意的な国連改革が進まない中で、最も成功した国連改革だった。

当然のことながら、先進国はＷＴＯを支持し、この年六月にカナダのハリファックスで開催されたサミットは「国連が国連憲章の目的をより十分に実現しうるようにするため」、「国連経済社会理事会のより効果的な内部の政策調整の役割を強化すること」を求め、その上で「重複を避けるために、任務を時代に合ったものとし、絞り込むこと。新たな国際機関との重複を排除すること（例えば、ＵＮＣＴＡＤのＷＴＯとの重複）」を問題にした。つまり、貿易をめぐって各国は長年対立してきたが、先進国が主導するＧＡＴＴを強化してＷＴＯを創設できたので、ＧＡＴＴに対抗して作られた「開発途上国主導型のフォーラム[16]」であるＵＮＣＴＡＤを廃止すべきだ、と言うのである。

この点を米国は特に重視し、前述のクリストファー国務長官の国連演説においても「国連には開発、緊急援助および統計報告に関わる数多くの機関がある。われわれは、一つの機能につき一つの機関を設置することを検討すべきであり、国連の地域委員会を縮小すべきであり、UNCTADの機能が新しい世界貿易機関と重複しないよう保証すべきである」と述べていた。また、この年の国連総会の財政問題の審議においても特にUNCTADに言及し、UNCTADはトップヘビーで、無駄な組織に資金を割きすぎており、その出版物はほかとの重複が多く、地域経済委員会と重複している(17)、WTOと重複している(18)などと繰り返した。

### NGOのWTO批判

一方、NGOはWTOへの批判を強めた。特に九九年一一月にシアトルでWTO第三回閣僚会議が開催された際には、三〇日、環境保護などを主張してWTOを批判するNGOが警官隊と衝突し、非常事態宣言や夜間外出禁止令も出された。またロンドンでもNGOと警官隊が衝突した。

開発途上国もWTOを批判し、この閣僚会議に先だって九月一四〜一六日に開催された第九回G77外相会議で、「われわれは開発並びに貿易、資金、金融、投資、技術、一次産品、競争及び持続可能な開発の諸分野における相互に関連した問題を統合的に取り扱う国連の唯一の機関として、UNCTADの役割を再確認する。……多くの開発途上国、特に後発開発途上国および構造的に脆弱で傷つきやすい小規模経済が、世界経済に効果的に統合しようとするその努力において困難に直面しており、グローバリゼーションの影響を被っている(19)」、「ILOが労働基準に関するあらゆる問題に取り組み決定する権限を持つ唯一の機関であることをシンガポール宣言は確認した。したがって、われわれは貿易と労働基準のいかなる関連づけにも強く反対する。同時に、環境基準を新たな保護主義の形態として利用することに反対する。そして、このような基準は、WTOではなくその権限を持つ機関で扱われるべきであると確信する[20]」、「国際法に反する一方的な経済的および貿易的措置を通じた、開発途上国に対する国連憲章およびWTOの規則を侵害する威圧的な経済措置が今もとられている[21]」、「多国間貿易システムを強化するために、世界貿易機関は普遍性をできる限り速やかに達成すべきである。開発途上国が加入を申請することが可能になるように適切な支援が提供されるべきであると強く信じる。……われわれは、すべてのWTO加盟国が開発途上国の加盟申請に対して過重な要求を科さないように求める。したがって、WTO規則と規律に沿うように、加盟審査の過程の透明性、簡略化、迅速化が必要である[22]」などと宣言した。また九月二三日に出された非同盟諸国外相会議コミュニケも、「われわれは、社会問題のような非貿易問題をWTOの議題に持ち込むべきではないと、はっきりと再確認する。……第三回WTO閣僚会議は以下のような行動計画の採択を検討しなければならない。開発途上国、特に小経済および後発開発途上国の貿易システムへの統合の促進および開発途上国の能力の確率の支援の提供[23]」などと要求した。

WTOの創設は、UNCTADのみならずILOなど他の経済社会分野の機関にも影響する出来事だったのである。そして、米国保守派が主張する国連改革の焦点が経済社会分野にあてられ、しかも非合理性を増したのはこのような中でのことだった。この結果奇妙な事態が生じた。

もともと保守派は、自国の権限を越える超国家的な存在を強く批判してきた。従来から米国が大きな影響力を持ち、その政策を遂行する上でも有利に利用してきたブレトン・ウッズ機関もその例外ではなかった。そしてかつて国際貿易機関の憲章の批准を拒否した米国では、社会主義に対する資本主義の優位性が明らかになったとする認識を踏まえて、新たに作られるＷＴＯは「この国の保守主義者の間に激しい議論を引き起こし、時には醜悪な調子も帯びた」[24]。しかも野党として原理主義的になり、非合理性を強めたことから、特に選挙前には批判がエスカレートした。「クリントン大統領はＩＭＦに対する米国の拠出を増加させることについての議会との対立に備えている」が、「ＩＭＦに追加資金を提供するのは間違い」[25]と、これらの機関に関する問題を政争に利用した。こうした国内事情もあり、ＷＴＯ第三回閣僚会議でもクリントン政権は強硬姿勢をとらざるをえず、一二月四日に会議は決裂した。開発途上国が主導する動きに対するのみならず、先進国間においても強硬な姿勢が続いたのである。この結果、ＷＴＯやブレトン・ウッズ機関は開発途上国やＮＧＯと米国保守派の両方から批判を受けることになった。

## 2　保守派とＮＧＯ

### 介入の道具としてのＮＧＯ

国際機関の縮小は当然に二国間チャンネルの拡大につながるが、保守派はその非公式化も進めた。

イラク爆撃の危機が迫った九八年は中間選挙の年だったが、当時好景気が続いていた米国においては経済問題は大きな争点にはならず、保守派のキャンペーンは特にアメリカ的価値観の維持に重点を置いて、外交を重視していた。これについてヘリテージ財団は、「自由を広める――市民外交(Public Diplomacy)と民主制の確立」と題する選挙用の資料を発行し、「国務省は他の国との公式の外交関係および外国首脳と直接交渉に従事する公館を指揮するが、市民外交の役割はそれと同様に増大している。これらのすべての活動は、米国の利益を海外で推進する上で重要なのである」と述べて、政府による公式の外交と同様に民間による外国との関係を重視する姿勢を示した(26)。

ただしそれは、例えば前年の九七年にノーベル平和賞を受けた地雷禁止国際キャンペーンのようなＮＧＯを推奨しているのではない。市民外交とは「世界中でアメリカの利益を推進する、実質的な外交政策における重要な道具」に過ぎない。そしてその外交の目的とは、「米国の対外政策および外交が民主制の拡大を助長できるように強化することにより、世界を自由に対して、そしてアメリカに対してより快適なものとすることができるだろう。民主制の拡大はアメリカのグローバルな利益を守るために軍事介入に依存する度合いを減らすことも意味する」ことにほかならない。

とは言え、「米国が世界の警察官の役割を演じるべきだと言うのでも、他国の反抗的な人々に対して民主制の考え方を押しつけるよう試みるべきだと言うのでもない」。なぜなら、「文化帝国主義は軍事帝国主義と同様に嫌われるのである」。そこで、「あらゆる大陸において民主的な組織の発展を推進する上で最も効果的かつ効率的な方法の一つは、他国の人々と直接対話を行うことである。

生命の自由、ダイナミックな経済の創出そして活気ある社会をいかに得るかということを他の社会に示す上で、アメリカのビジネス、マス・メディアそして非政府組織さえも有効である」。

またヘリテージ財団は、「(米国の援助が、米国が)望まないプロジェクトや計画に使われることを避け、資金が汚職や政治的支援に流用される可能性を減らすために、貸与および供与は政府機関を通じて送られるべきではない。NGOまたは計画を果たす企業、ただし競争入札で落札したもの、に与えるべきである」[27]とも述べ、受け入れ相手国においても、NGOとの提携を推奨している。

以上をまとめると次のようになる。米国にとって好適な世界を作るためには「民主制」の拡大が重要だが、米国が文化帝国主義と見なされるのは好ましくない。そこで相手国の国民に直接影響を及ぼす上ではNGOなどを利用することが有効だと言う。ただしあくまで中心は米国政府であり、米国政府を批判したり、政府とは異なる立場から代替案を提示するNGOを重視するという意味ではない。さらに、相手国に対する働きかけも、相手国政府ではなくNGOに対して行うことが推奨されている。ただし、米国のNGOが米国政府と密接な関係を持つことを想定しているのに対して、相手国のNGOの場合は「民主的」ではない政府に「民主化」を働きかける団体を想定している。言葉を換えれば、米国政府が直接に行うことが難しい相手国における反政府活動を、米国のNGOを利用して、ただし米国政府の方針の下で、扇動していると言う方が適切だろう。相手国内のNGOとは、「非」政府というよりも「反」政府と呼ぶ方がふさわしいかもしれない。

## 介入の道具としてのNGO

こうした文脈から、前出の選挙資料で具体的にその名が挙げられているNGOもある。「ナショナル・エンダウメント・フォー・デモクラシー（NED）は、生まれたばかりの民主体制において自由な制度を強化し、個人の自由の理念をはぐくむことを目的に一九八三年に創設された、非営利の資金供与機関である。これは米国の政府機関ではないが、連邦政府の資金を受けている。また公的には米国の公式外交組織の一員でもないが、その任務はきわめて近接しており、外国における人と人の結びつきを通した民主制の推進のための全体的な努力の一環をなすと考えるべきである」。

NEDは、ここで述べられているように、米ソ対立が激しさを増すレーガン政権下で創設されたもので、いわば米国の対ソ戦略の一環をなしていた。このことは、NEDが活動している相手国の名を見れば容易に理解できよう。NEDは、「九〇カ国において非政府グループを支援している。米国の資金受け入れ団体を通じた直接供与および事業を通じて、民主活動に資金を提供して」おり、「旧ソ連、中国、キューバ、イラン、イラク、ニカラグア、ヴェトナムおよび各地で、民主的活動を支援する上で重要な役割を演じ続けている」のである。なお、ここでは先の選挙用資料から引用しているが、NED自身の資料においても同様の内容が記されている。

ここに挙げられた国はいずれも、九〇年よりも前に米国が敵性国家として経済制裁などを科していたか、または九〇年以降「ならず者国家」と見なしている国である。中でもニカラグアやヴェトナムなどは、単に過去に敵対していたという以上に米国民にとって象徴的な意味を持つ。特にニカラグアに対しては八〇年代を通じてレーガン政権が直接、間接に政府の転覆工作を続け、ついに米国寄りの政権が誕生した国である。そのような国の名が挙げられている点に、これが、現実的な意味以上に国民のイメージに働きかけることを目的とする選挙用の資料であることが示されている。そしてそのような資料だからこそ、NGOに求めていることが露骨にあらわれていると言える。

また、「NEDはセルビア、ボスニアおよびコソヴォの民主基金および独立メディアへ重要な支援を続けている。近い将来の金のかかる軍事介入を防ぐ、慎ましい投資である」とも述べて、これが軍事介入の代替活動であることをはっきりと宣言する。その上で、「一九九九年にすべきこと」として、「市民外交を公的な外交の単なる付属品として扱うのではなく、米国外交政策により一体的に組み入れる。情報技術の進歩に基づき、NGOおよび非政府エリートに先んじた目標を定めた市民外交がしっかりと確立されなければならない」と強化を主張する。同様のことは二〇〇〇年の大統領選挙においても繰り返され、「次期政権と議会は、アメリカの民主確立、市民外交および国際放送活動のための予算の度重なる削減を中止すべきである。両者とも、NGOおよび民間部門の専門家と協議し、今後一〇年間のためのこれらの活動を監督する適切なレベルの資金のための、新たな政策目標および指針を再検討し、発展させるべきである」と主張している。(28)

ここで注目したいのは、これらの文書が、単なる政府の下請けにとどまらない積極的な役割をNGOに期待していることである。政府が直接に他国に介入することは各国からの批判を招くばかりでなく、軍事行動を伴うことも避けられず、国内からの批判も生じる。そこで、「国」という現行の仕組みが抱える問題に対応するために登場したNGOを利用する。つまり、米国という旧体制を他の旧体制による批判から守るために、旧体制に対するアンチテーゼとしての意味も持つNGOを利用して、他の旧体制を不安定にしようというのである。内政干渉のための政府の道具として自国のそして相手国のNGOを利用しようとしているのにほかならない。グローバル化、人道介入、良い統治などの言葉で語られることが持つ、政治的意味の一面である。

## 国際刑事裁判所

ただし、そのNGOが純化された「アメリカ」と相容れないと認識される場合は激しく批判される。例えば、九八年六月一五日～七月一七日にローマで「国際刑事裁判所設立に関する国連全権外交会議」が開催され、裁判所の規程が採択された。これは、これまで第二次大戦後にドイツと日本に対して、また最近では旧ユーゴとルワンダに関して設立された国際裁判所を恒常的に開設するもので、多くのNGOがこの実現に力を注いでいた。九〇年代の政治分野におけるNGOの成果の一つとして挙げることができ、〇二年七月一日に発効した。この動きに対して保守派は反発を強めた。

国際刑事裁判所（ICC）の設立は、国連総会によって最初に作られた人権条約であるジェノサイド条約において予定されていた。ニュルンベルク裁判と東京裁判で処罰された「人道に対する罪」の中心部分を法典化したこの条約は、ファシズムと戦ったことを基盤におく時代精神と一体化したものと言うことができ、個人の国際犯罪を初めて実定法化したものだった。その条約が、すでに国連の主要機関として設立されていた、国を当事者とする国際司法裁判所と対をなす裁判所の創設を示していたのである。国連は本来、強制力を民主的な国際機関の下に制度化し、統合したものだった以上、これは当然のこととも言えた。

クリントン政権はこの問題に積極的な姿勢を示し、大統領自ら九七年九月二二日に国連総会で「人道法の最も深刻な侵害を起訴するための常設の国際裁判所を今世紀中に設立しなければならない(29)」と演説したように、ICCの設立を支持していた。ただしそれは、特にこの問題における安保理の役割の確保を前提としていた。ICCの役割を絶対的に認めるのではなく、自国の発言力の確保を求めていたわけである。一九四五年にモンロー主義とウィルソン主義が拒否権により折衷されたように。この本音は国連等における演説など以上に、米国内での発言によく現れている。この問題の担当大使だったシェーファーは、この二カ月足らずのちの一一月一三日に次のように演説している。「安保理に関する米国の立場への支持が広がらない場合に唯一論理的なことは、米国の利益を守るための適切な措置を得るための他の手続きを今以上に真剣に考える必要が出てくると考えることである。では米国の利益とは何か。第一に、われわれは、米軍に対して戦争犯罪を働いた者はだれでも調査され、起訴されることの保証を求める」。そして、「裁判所は政治的武器になってはならない。国際の平和および安全を強化するための安保理の重要な努力に介入することが、おそらく、裁判所が利用される最も可能性の高い動機だろう」、「兵士や文民司令官に対して刑法の手続きが不当に適用されることなく、彼らが多くの正当な責任を果たせることが、すべての政府の関心事である[30]」。裁判所は安保理すなわち米国の拒否権の下に置かれなければならず、その任務は何よりもまず米国に対する戦争犯罪を裁くことである一方、米軍や大統領が訴追される可能性があってはならない、これがその主張だった。

## ＩＣＣ創設と米国の立場

ローマ会議では小和田国連大使などが米国の主張を後押ししたが[31]、米国の「裁判所は安保理により権限を与えられる」という要求は通らず、ＩＣＣは「安保理による権限付与がなくとも活動できる能力[32]」を持ってしまう。規程採択から六日後の七月二三日、米国議会上院外交委員会小委員会はこの問題に関して公聴会を開催したが[33]、その冒頭で小委員会委員長で共和党保守派のグラムスは次のように演説をした。「（ＩＣＣ創設は）米国が拒否権を失うことを意味する」、「（戦争犯罪に対しては）軍事行動の脅威が最も効果的な抑止であり、ＩＣＣは米国がこの重要なことを行う能力を損なう」、「普遍的な管轄権を求めるこの条約は、われわれがこの条約に加盟しなくとも、（米国軍人が起訴される可能性があるので）わが軍の世界展開に再考を迫っている」（かっこ内はいずれも河辺）。

その上で彼は、「われわれが安全保障上の国益を追求するのを国際裁判所が弱めようとしたことがある。一九八四年に国際司法裁判所は、米国に、ニカラグア国境の尊重を求め、ＣＩＡのニカラグアの港への機雷敷設を禁止した。一九八六年には、われわれがコントラを支援したことを国際法違反としてわが国を有罪とし、ニカラグアへの賠償を命じた。これらの決定をわれわれが無視したのは言うまでもない」と、レーガン政権が一〇年前に行ったニカラグアへの介入と国際司法裁判所の無視を誇らかに示した。そして、「裁判所が発足したら、全面的非協力、財政拒否、管轄権の非承認、裁定の非認知そして安保理が決して事件を委託しないようにする、断固たる政策を持たなければならない」とし、ICCが「国際連盟と同じ運命を歩み、米国の支持を失って崩壊するように、政府が積極的に反対することを希望する」と断じた。この問題が米国保守派の理念に直接関わっていることと同時に、これが民主党と共和党の間の政争の具であることも示されていた。

この公聴会の証言者の一人がボルトンだった。彼は、「国際刑事裁判所は合法性においてそれ自身問題を持っている。国際社会は、市民への説明責任に従って、いかに法律を作り、判決を下し、そして執行するかを明快に示しており、自由を守るように組み立てられているが、ICCの構成はそれに一致していない。国際システムの埒外にあることは受け入れ難く、実際、ほとんど非合理的である」と批判を強める。ただしこれは、法的というよりも政治的な主張だった。それは、ICC確立のために活動してきたNGOへの批判にあらわれている。彼は、ICCが「非合理的」である理由は、「ICCを支持する多くのNGOの隠された課題を理解しない限りは」理解できないとした上で、その「隠された課題」を次のように具体的に説明する。「現行の条項が持つ問題および慣習法の曖昧さおよび不安定な発展についてはさておくにしても、予定表に載っている他の全罪状を考えるべきである。すなわち、侵略、テロリズム、制裁、キューバの優遇、麻薬取引などだが、これが、表明はされていないが、NGOの課題なのである」。これらは、いずれも米国が深く関わり、国連総会などで批判されている問題である。つまり、NGOが問題にしているのは米国外交そのものにほかならないというのが、彼の言う「隠された課題」だった。

ここで列挙された問題は、先に見た選挙資料においてニカラグアの名が挙げられていたことと類似している。つまり、これらの問題は議会に対して強くアピールするために並べられたと言える。

また彼は、「安保理が憲章第二四条により『国際の平和および安全の維持に関する主要な責任』を課せられていることを考えると、安保理とICCが今や事実上互いに独立して活動することは、少々おかしいなどというものではない」が、NGOの目的を知れば、なぜ独立したのかが理解できると言う。「(ICCを支持する) 国の長年の目標は、安保理の地位を引き下げること、特に常任理事国五カ国の拒否権の重要性を弱めることなのである」。そしてだからこそ、ICCの独立性に関しては「米国を守ること以上に関心を払うべき」だと、強調する。

## 保守派の国連批判の矛盾

保守派の国連批判は、野党の立場からのものであることも手伝って、原理主義的になりがちである。しかし、実際に政権に参画し、しかも国連を最大限に利用することに成功したボルトンは、米国が国連を利用できる最大の要因が安保理における拒否権にあることを十分承知している。この国際協調体制に縛られることには警戒しながらも、それを安直に否定することは当然に認められない。だからこそ安保理における特権を損なうことを狙うNGOを露骨に批判するのである。

そしてこの文脈の上で彼は、「事実、国連機構における『独立』機関（例えば国連人権委員会のような）は、しばしば明白な政治機関以上に高度に政治的に振る舞うのである」、「ICCは政府にではなく特定の狭い利益を持つNGOなどに『牛耳られる』だろう」と言う。経済社会理事会の下にある人権委員会は、国連憲章によりNGOの役割が認められているが、現在ではNGOなくしては委員会の活動が成り立たないと言われるほどに、その役割を発展させている。そもそも米国自身も人権委員会を都合良く利用してきた面があるが、そのことを承知していながらも、この委員会を例に挙げてICCの今後の発展に警戒するのは、運用の中でNGOが自らの役割を強化し、実質的に大きな影響力を持つに至っている、この委員会の現状がある。

これらの言葉は、クリントン政権に対する共和党からの揺さぶりでもあろう。しかし、九八年の選挙キャンペーンではNGO一般への批判が避けられていたことを見ても、政党間の単なる鞘当てにとどまらない本質的な論点が示されている。つまり米国は、「国」を中心とする旧体制の中でも、安保理常任理事国として拒否権に担保された絶対的な権限を持ち、旧体制を代表する存在である。保守派は旧体制の中の対立勢力を「ならず者国家」として葬ろうとしたが、拒否権をも乗り越えて旧体制に挑戦するNGOは、まさに旧体制としての米国の脅威となる。ここで表明されているのは、このような認識から出された、NGOに対する根本的な警戒と批判なのであり、政策をめぐる意見の対立などという次元の問題ではなかった。

ただし、中央政府に対して批判的な一方でコミュニティを重視する米国の視点に立てば、NGO

であることを理由に批判することはできない。この点で、例えば、九六年に国際司法裁判所が核兵器の違法性について勧告的意見を出した際に、一四人の判事の中で唯一門前払いを主張し、その理由の一つとしてNGOが主導したことを挙げた小田滋・元判事などとは異なる。

また、このような主張は逆に反論も招く。例えば、前述の上院が開催したICCに関する公聴会においては保守派が激しい裁判所批判を展開したが、ここで「反国際刑事裁判所の合唱の中でただ一人の不協和音になるつもり」と述べたシャーフ元国務省法律顧問は、書面において次のように論じた。「われわれの同盟国がすべて（イスラエルを除いて）常設国際刑事裁判所規程に賛成票を投じたにもかかわらず、なぜ最後の瞬間で米国代表団は、イラン、リビア、中国およびイラクなどの一握りのならず者国家や悪名高い人権侵害国とともに反対せざるをえないと感じたのだろうか」。この規程は当初コンセンサスによる採択が目指されたが、米国が非記録投票を求めた(34)。しかしシャーフは口頭の発言において反対した七カ国、イラン、イラク、イスラエル、リビア、中国、イエメンそして米国の名を挙げていた。のちにブッシュ政権が「悪の枢軸」と呼び、爆撃の対象にすらした諸国と米国のどちらが「ならず者国家」なのかという、痛烈な皮肉だった。

## 3　ブッシュ・ジュニア政権と国連

### 非合理化する米国保守派

野党が政権を批判する際には原則論を展開することが多い。政府を批判してこその野党であり、またその際に政権の立場に理解を示していては批判にならない。しかし政権が交代すると、このような姿勢は良くも悪くも合理化される。しかし、二〇〇一年に発足したブッシュ・ジュニア政権はこの道をたどらなかった。そもそも米国の力が突出しているだけに米国内で受け入れられる議論を国外で展開することに大きな矛盾を感じていないことに加えて、国連を利用する必要性が低下したために国連に関して具体的な政策を組み立てる必要性も認識しなかったのである。

この結果、保守派政権が誕生したにもかかわらず、その主張はクリントン政権下で展開された以上に原理主義的になった。ブッシュ政権に多くの人員を送り込んだヘリテージ財団も、本来ならば政権を擁護するためにも妥協的な発言を展開するはずだったが、そうはならなかったのである。例えば、政権発足直後の二月五日に出された報告書は「国連の女性差別撤廃条約と子どもの権利条約はいかに家族、宗教そして主権を損なうか」と題するもので、「国連の中の機関が社会の基礎を損なうキャンペーンに取り組んでいることに、少数のアメリカ人は気がついている。その社会の基礎とは、結婚した二人の親がいること、結婚と伝統的な性道徳の第一議的な重要性を擁護する宗教、そしてこのような社会制度を守る法的社会的仕組みである」と、「アメリカ」の価値を全面的に振りかざして二つの条約を批判している。(35)米国の外から見ると滑稽な批判だが、日本で夫婦別姓は家族制度を破壊するなどの議論が公然と行われていること同様である。

このような姿勢を各国が受け入れることができなかったのは当然だった。〇一年五月三日に行われた国連人権委員会の選挙に米国が落選し、個人の資格で選挙される麻薬統制委員会でも米国の推す委員が落選したのである。一九四七年に人権委員会が創設されて以来、議席を守り続けていた米国の初めての落選だった。これを受けて一〇日には連邦議会下院は分担金支払いの凍結を決めた。

## 人権委員会落選の波紋

人権委員会の設置は、「経済社会理事会は、経済的及び社会的分野における委員会、人権の伸張に関する委員会並びに自己の任務の遂行に必要なその他の委員会を設ける」と国連憲章第六八条に規定されている。総会や安保理などの主要機関を除くと、当初から憲章が明記して予定していた数少ない機関であり、ナチスや日本軍国主義が人権を無視し、大量虐殺を行ったことと、連合国は民主主義を守るためにこれらのファシズムと戦ったという認識、すなわち時代精神に直結する存在だった。特にその初期においてはルーズヴェルト大統領の妻だったエレノアが活躍し、世界人権宣言を作り上げた。人権委員会は米国の良心として今も名望高いエレノアと世界人権宣言の名と分かち難く結びついていると言える。加えて特に最近では、中国やキューバなどの人権を非難する上で重要なデモンストレーションの場でもあり、人権委員会は、経済社会理事会の下部機関という比較的地味な位置づけにはあったが、米国にとって国連を象徴する機関でもあったのである。

しかもこの落選が、米国に対する開発途上国の批判によるだけではなく、同盟国であるはずの西欧諸国との対立から生じていたことが問題を複雑にした。人権委員会は五三議席からなり、ここで改選されたのはそのうちの一四議席だったが、国連における選挙は、特定の地域の国々が代表できない状況やまたは過度に代表してしまうことを防ぐために「衡平な地理的分配」を原則としている。つまり各地域グループに議席が割り当てられる。このため、各地域グループで事前に協議なり選挙なりを行い、他のグループの国々はそれを尊重して形式的に投票することが一般的である。しかし今回は候補国を絞り込むことができず、西欧および他の諸国のグループは、三議席の改選に対して、オーストリア、フランス、スウェーデン、米国が立候補してしまった。いずれか一カ国が落選することになったのである。そして、フランスが五二票、オーストリアが四一票、スウェーデンが三二票を得たのに対して、米国は二九票にとどまった。四三カ国から「確実な書面による保証」を得ていたと報道官が述べたにもかかわらず[36]、実際の得票はその三分の二に過ぎなかった。

これに対して、米国内ではヨーロッパ諸国への不満が表明される。例えば五月七日の『ウォール・ストリート・ジャーナル』は、「より直接的に責任があるのは、西側諸国に割り当てられた三議席に対して、(任期の切れた)米国に加えて三候補をたてた西欧諸国である。EUはこのうちの一カ国に身を引くよう説得すべきだった。……『協力と対話』を通じて暴君どもと接しようというフランス好みのやり方でどうやって人権を十分に守るのか、世界に見せてもらうよい機会である」と報じ、同日の『ワシントン・ポスト』は、「栄光のヴィシー政権の本家フランスが五二票をとり、外相が歴史否定の親玉で悪名高いネオナチのハイダーの政党出身のオーストリアが四一票、ご都合的に大事なときにそっぽを向くスウェーデンが三二票」と皮肉をまき散らしたように。そしてそれは、宥和政策の「誤り」に気づいて犠牲をも恐れずにファシズムと戦って勝利し、妥協を廃してソ連と戦って冷戦に勝利したと認識する、「アメリカ」的な時代精神に直結していたのである。

なお、米国の保守派と日欧のいわゆる民族主義者や右翼は、その行動様式から見れば共通する点が多いが、その理念は大きく異なっている点もここによく示されている。例えば、靖国神社への参拝に固執する日本の保守系政治家の態度は、本来は米国保守派が認めるものではない。

しかし、このような論調を政権が主導することには危険が伴った。ただでさえ辛うじて選挙戦を制したブッシュ政権の基盤は不安定であり、西欧諸国からも信頼を勝ちえなかったことは、野党の民主党のかっこうの攻撃材料になるからである。そこで論点のすり替えが行われた。この選挙でスーダンがアフリカ・グループから選出されたことなどが強調されたのである。

例えば、五月四日の国務省報道官記者会見では、「あなたは、なぜスーダンに投票して米国に投票しなかったのか理解しがたいと言ったが、私の理解では、この投票方法では誰もスーダンと米国のどちらかを選んでいるわけではない」と尋ねる記者に対して、報道官は、「連中はスーダンに投票した。たとえそれが、地域グループによる一括提案を承認したとしても」と感情的に言い放ち、五月四日付AP電では共和党のアーミー下院議員は、「彼らがしたことは世界最古の民主主義を放り出して世界最悪の人権記録を持つスーダンを入れたこと」と述べた。ヘリテージ財団も同日付の声明を発表して、「スーダン、キューバそして中国のような人権侵害常習犯が、人権を監視し執行するような重要な国際的な場所に座ることを許す一方で、世界で最も自由で最も民主的な国を追い出すことは、人権侵害者を喜ばすだけ」と、米国の敗退をスウェーデンなどとではなく、スーダンなどと比較した。そしてその上で「この国連の行動により、すべてのアメリカ人は国連が民主制や人権支持者の集団ではないことを思い起こすだろう」と、国連は「ならず者国家」が跋扈する場所であり、民主的ではないことを主張し、「ブッシュ政権は、国連やさまざまな機関でより強力にアメリカの利益を守るべきである」と、ブッシュの単独主義を正当化した。問題は、西側諸国からすら批判されるブッシュ政権にではなく、国連に向けられたのである。

### 保守派からの提言

一カ月後、この落選について連邦議会下院は公聴会を開催した。ここでレーガン政権において国連大使を務めたカークパトリックが証言した。「米国はヨーロッパと長年の理解があり、それにより西側諸国に割り当てられた議席の一つを米国が確保してきた。米国が議席を失ったのはこの理解がなくなったためであり、それはEUの統合の結果であると確信する」、「米国政府は、市民の自由及び法手続を平素から無視するような国には友人を持っていない。しかし、ヨーロッパの友邦はこのような国に友人を持っており、良い待遇を与えている。これは『現実政治』と呼ばれ、成果を上げている」、「ヨーロッパの報道機関は『アメリカのやり方』を強く批判する記事を一貫して掲載し、米国への不快感を示してきた。ＥＵでは一五カ国中二カ国を除いて社会主義政権だが、この批判は、アメリカを右傾化させたブッシュ政権の発足からとくに激しくなった。敵国に加えて友邦とも競争しなければならないのならば、米国は国連の委員会で目的を達成することはおろか、目的に向けて効果的に活動することも決してできないだろう。われわれが持つ一票ではＥＵの一五票には決して勝てない」、「われわれは他の諸国の利害を認識しなければならず、彼らの死活的な国の安全に直接関わる問題に対する彼らの関心に、時には優先順位を与えてもよい(37)」。

レーガン政権で反国連政策を推進した人物が、当時の副大統領の息子の政権において「現実政治」と他国の尊重を説いているのは皮肉である。保守派が野党時代に主張した原理主義政策を合理的なものに転換できなくなっているからこそ、保守派から出された提言と言えよう。

とはいえ、姿勢を急激に変化させることはできず、同様の状況はその後も続いた。例えば〇一年七月に国連本部において「すべての局面における小火器の違法取引に関する国連会議」が開催されたが、ここで、ボルトン兵器管理および国際安全保障担当次官は「兵器の違法取引の除去はわれわれの利益であると確信」するなどと言いつつ、「加盟国の立法にまかせるべき問題を含んでいること」、「合法な小火器貿易を制限する措置」、「ＮＧＯによる国際的な告発活動の推進」、「市民が小火器を所持することの禁止措置」、「政府のみに貿易を制限する措置」、「義務的な再検討会議」などを

「支持できない」と一方的に述べ、演説の半分は「支持できない」ことの列挙に充てた。「市民が小火器を所持すること」を問題にすることは、国際的な場に対する発言というよりも国内へ向けたものだったが、ヘリテージ財団が通信社に配信した記事はこの点を明瞭に示した。「兵器を所有する権利はアメリカでは法で決められている。これは憲法で定められており、二世紀にわたる裁判所の活動もこの権利をわずかに減少させただけだった」、「輸出入政策は他の国に影響する。しかし国内の銃法はわれわれの問題であり、国連が口を出すことはできない[38]」。同様の姿勢は、八月三一日にダーバンで開会した反人種主義世界会議でも続いた。

### 保守派の国連利用

カークパトリックの提言は意外なきっかけで、しかも逆の形で実現した。九月一一日、マンハッタンの世界貿易センター・ビルにハイジャックされた民間航空機が突っ込むなどの事件が発生したが、これに対する対応として、ブッシュ政権はアフガニスタン爆撃を決める。ただし、この爆撃には法的根拠がなく、新しい戦争などと無理な理屈を付けるしかなかった。このような中でこの軍事行動に対する各国の支持を取り付ける上で、国連が有用になったのである。ヘリテージ財団は、国連分担金の支払いの再開を主張し始めた。

「国連分担金が決められる前に支出権限を付与する慣習に戻ることは、国連との関係を強化する機会となる。このような政策は、わずかな費用しかかからないが、米国主導のテロリズムとの戦争に国連と加盟国の支持を得るのに役立つ」、「一九八一年度までは、国連分担金の支払いが決められる、前年の一〇月には分担金の支出権限を承認していた。しかし八一年から八三年の間に、支払わなければならない年の最終四半期に支払うように変えた」、「米国が帳簿上の節約のために支払いを延期したことは、米国と国連の関係を損なう結果となった。年度内に支払っている限り、国連加盟国としての米国の地位には影響しない。しかし支払いの遅延は加盟国の間の怒りをたきつけた」、「分担金の支払いをかつての方法に戻すと一度に二年分を払う必要がある。しかしこれは言葉の上の問題で、八〇年代初めに支払いを飛ばした時の帳簿上の節約を払い戻すに過ぎない[39]」、「アメリカと国連の関係が劇的に変化した[40]」のである。

旧来型の軍事行動に関しては、安保理決議がなくとも米国は単独でまたは集団で軍事行動をとっており、軍事的な手段の面でも、軍事行動を正当化する理論面でもすでに非国連化が完成している。しかし、犯罪に対して一方的に報復することは、国内的にはともかく対外的には、拠るべき規範を示しにくい。外に向けては、自衛権の行使または国連の目的の筆頭に掲げられている「国際の平和及び安全の維持」を理由にするのが通りやすいが、この行動を自衛権で説明するには無理があり、また、「国際の平和及び安全の維持」を掲げるのであれば、国連の役割を認めざるをえなくなる。軍事行動の根拠が曖昧だからこそ、国連を巻き込んで根拠を組み立てる必要が生じている。まさに「米国主導のテロリズムとの戦争に国連と加盟国の支持を得る」ために表明された国連回帰だった。

そこで問題になっていたのは国際民主制の下での米国の義務ではなかった。保守派の頭にあったのは、「国連はテロリズムに対するアメリカの戦争をどのように支援するのか[41]」だった。米国が国際協調をするのではなく、「アメリカ」に各国が協調することを求めたのである。

「悪の枢軸」

このような中で興味深い言葉が登場した。アフガニスタンに対して爆撃を行ったブッシュは、〇二年一月二九日に連邦議会で行った一般教書演説において、「悪の枢軸」という言葉を使用したのである。「わが国は戦時下にある」という言葉で始められたこの演説は、以下のような好戦的な言葉であふれていた。ホワイトハウスの演説文によると、演説は七五回の拍手で中断されている。「七〇〇〇マイル先であっても、海や大陸を越えた、山頂だろうと洞窟の中だろうとも、わが国の正義の裁きから逃れることはできない」、「一部の国はテロリズムに直面しておどおどしようとしている。間違えてはいけない。もし彼らが行動しなければアメリカがやる」。「(北朝鮮、イラン、イラクなどの――河辺)国々とテロリストの同盟は悪の枢軸を形成しており、世界平和を脅かすために武装している」。「この戦争の遂行には多くの費用がかかる。われわれは一カ月に一〇億ドル以上、一日に三〇〇〇万ドル以上を費やしており、今後の作戦に向けても備えなければならない。アフガニスタンの事例は、高価で精密な兵器が敵を打ち負かし、見方の犠牲を少なくすることを証明した。このような兵器がさらに必要である。世界のどこにでも速やかにそして安全に派兵できるように老朽化した航空機を更新し、わが軍の機動性を高める必要がある。わが軍の兵士は、最高の兵器、最高の装備、最高の訓練を受けるに値し、さらなる国庫支出に値する」、「私の予算は、過去二〇年間で最も防衛費を増加させた。自由と安全の代価は高い。しかし高すぎることは決してない。わが国を守るのにいくらかかろうが、われわれはそれを負担する」[42]。

理念としての「アメリカ」を露骨に形にした演説だったが、興味深いのは、第二次大戦で独伊日の同盟が名乗った「枢軸」という言葉が復活した一方で、それまで繰り返されてきた「ならず者国家」はなかったことである。同時に、九・一一以降「団結（unite）」という言葉がさまざまな機会に唱えられるようになった。例えば、ジュリアーニ・ニューヨーク市長が一〇月一日に国連総会で行った演説では、「今こそ、国連憲章が言うように『国際の平和および安全を維持するためにわれらの力を合わせ（unite）』る時である」と呼びかけている。米国が国連を利用するに当たって、ファシズムと戦ったことにより形成された二〇世紀半ばの時代精神がそのままの形で蘇ったのである。米国保守派から見ても、また時代精神としての国連から見ても、「アメリカ」と国連の間に対立があるとは認識されていなかった頃の認識を呼び起こすものだった。

しかし〇三年三月に国連を無視してイラク爆撃を始め、しかもその過程でかつての連合国との姿勢の違いが鮮明になったことにより、このような論理立ては必ずしも中心的なものにはならなかった。そしてその際に、安保理において明快に爆撃への反対を表明した開発途上国はシリアだけだった。この際に開発途上国からは七カ国が安保理理事国を務めていたが、他の六カ国、すなわちアンゴラ、カメルーン、チリ、ギニア、メキシコ、パキスタンは中間派と呼ばれることになった。特にアンゴラやチリはレーガン政権の犠牲になったと言いうる国だったが、今や米国が最大援助供与国となっており、さらに日本が積極的に米国を支援したために、辛い立場に置かれたのである。それは、建前だけでも大義を示すことができなくなっている開発途上国の状況を示していた。

ブッシュ政権と対立したのは、むしろフランスやドイツなどだった。この状況はその後も変わらず、例えば、〇三年一一月三日にEUが発表した加盟一五カ国の世論調査では、世界を脅かしている国として五九%の人がイスラエルを、次いで五三%が米国、イラン、北朝鮮を挙げている。民主主義諸国の人々が、ブッシュ政権の行動を、当のブッシュがならず者国家または悪の枢軸と呼ぶ国に近いと感じていることになった。

### 反国際主義

この世論調査が発表された三日後、ブッシュはNEDで講演し、キューバ、ビルマ（原文のまま）、北朝鮮、ジンバブエ、イラク、シリア、イラン、パレスチナを批判した。前述のように、二〇〇〇年の大統領選挙に際して、保守派が他国に干渉する際にNGOを利用すべきとしてその名を挙げた団体である。これはその二〇周年記念式典での講演だった。彼はここで民主主義を採る国が増加してきたと述べ、レーガン元大統領を讃え、前述の国々を批判し、「アメリカ人の犠牲が常に認められ、感謝されてきたわけではない」が、「アメリカはこれまでも困難な任務を達成してきた。わが国は強く、強靱な意志を持っている。そしてわれわれは孤立していない」と、断じた。(43) 第1章でも紹介した演説だが、民主的な国であるがゆえに、国内の支持が高ければ国際的な批判を無視することができたが、イラク情勢が好転せず、国内の批判が高まったことにより、その姿勢が国際的な支持を得ていることを強調しなければならなくなっていたのである。なお、ブッシュ大統領は〇四年の一般教書において、ＮＥＤの予算を倍増させ、「中東における自由選挙、自由市場、自由な報道、自由な労働組合の発展に関する新たな活動に焦点を当てる」意向を示した。

これに先だって、一〇月一七日にブッシュ大統領が来日し、日本政府も自衛隊派遣の方針を固め、〇四年一月九日、石破防衛庁長官は陸上自衛隊先遣隊と航空自衛隊本隊のイラク派遣命令を出した。このようなことを踏まえて、一月二〇日の一般教書演説では、ブッシュは次のように言うことができた。「われわれのイラクでの任務を国際化すべきだとの批判がある。このような批判は、イラクに軍隊を派遣しているわれわれのパートナーである、英国、オーストラリア、日本、韓国、フィリピン、タイ、イタリア、スペイン、ポーランド、デンマーク、ハンガリー、ブルガリア、ウクライナ、ルーマニア、オランダ、ノルウェー、エルサルバドル、その他一七カ国に、どう説明するのか」。

国際協調を否定しながら、一方では団結を強調してアフガニスタン爆撃を行い、その後は単独主義を露わにして「団結した諸国」すなわち国連を無視してイラクを爆撃した国が、改めて国際社会の支持を強調したのである。これが有志連合と呼ばれるのは、議論の文脈を考えても当然だった。

その一方で、爆撃を認めなかった安保理に対しては改めて批判が沸騰する。「安保理理事国のサダム・フセインへの譲歩は二一世紀前半の最も恥ずべき出来事として歴史に書かれるだろう」と、かつてヒトラーに譲歩して道を誤った象徴とされるミュンヘン会議になぞらえ、その上で、「国連は、米国が自らの安全を確保する能力を制限してはならない[44]」などと繰り返すことになる。ここでも、二〇世紀中頃の一時期に形成された時代精神が、正当化の拠り所とされていたのである。

同様の批判はWTOなどの米国が優位な国際機関に対してもなされた。「これらの機関（国連およびWTO――河辺）は、まさに合法性を協議することにより国家主権を危機に陥れているのである。国連の場合は主権自体を奪うまたは解釈することにより、WTOの場合は貿易障壁として[45]」、「IMFと世界銀行の開発途上国における活動記録を調べると、グローバルな経済の安定や貧困の解決とはほど遠く、これらの国際機関こそが問題であることが分かる[46]」と言い続けている。テロリストには妥協しないという言葉が繰り返し吐かれているが、純化された理念としての「アメリカ」が妥協を拒んで否定したのは、あらゆる意味の国際主義でもあった。

注

（1） Management and Mismanagement at the United Nations, Hearing before the House Committee on International Relations, Subcommittee on International Operations and Human Rights, 5 May, 1993.
（2） "A United Nations Assessment Project Study-Expanding the U. N. Security Council: A Recipe for More Somalias, More Gridlock, and Less Democracy", Heritage Foundation, December 23, 1993.
（3） Thomas Sheehy, "The U. N. at Fifty: No Key to Peace", Executive Memorandum No. 419, Heritage

Foundation, June 9, 1995.

（4） Bureau of International Organization Affairs, U. S. Department of State, "Peacekeeping Costs: UN Pays What It Should", June 5, 1998.

（5） Lichenstein, Charles, "We Aren't the World: An Exit Strategy from U. N. Peacekeeping", Policy Review, Heritage Foundation, Spring 1995.

（6） Brett D. Schaefer, "Understanding the Limits of Globalism", Issues, 98-The Candidate's Briefing Book 16. Heritage Foundation.

（7） "The United Nations at a Crossroads: Efforts toward Reform", U. S. Senate, Subcommittee on International Operations, Committee on Foreign Relations, Nov. 6, 1997.

（8） A/50/PV. 4, p. 11.

（9） Fact Sheet: UN Efforts in Iraq Make the Case for Paying U. S. Arrears, The Bureau of International Organization Affairs, U. S. Department of State, April 7, 1998.

（10） S/RES/1154.

（11） "The U. N.'s 50th Anniversary: Time for Reform, not Celebration", Executive Memorandum 434, Heritage Foundation, October 20, 1995.

（12） James Phillips, "Needed at the U. N.: More Secretary, Less General", Executive Memorandum No. 455, Heritage Foundation, June 24, 1996.

（13） Brett D. Schaefer, "How Congress Should Reform The International Monetary Fund", Backgrounder No. 1167, Heritage Foundation, April 2, 1998.

（14） A/RES/49/60.

（15） A/RES/46/86.

（16） 外務省総合外交政策局編『国際機関総覧二〇〇二年版』日本国際問題研究所、一八八頁。

（17） A/C. 5/50/SR.15, para. 14.

(18) 5/50/SR.17, para. 53.

(19) A/54/392, para. 3.

(20) Ibid., para. 18.

(21) Ibid., para. 22.

(22) Ibid., para. 23.

(23) A/54/469, paras. 110–111.

(24) Joe Cobb, The Real Threat To U. S. Sovereignty, Heritage Lecture 497, Heritage Foundation. August 1, 1994.

(25) Bryan T. Johnson and Brett D. Schaefer, "Congress Should Give No More Funds to the IMF", Backgrounder No. 1157, Heritage Foundation, February 12, 1998.

(26) Thomas Moore and Ariel Cohen, "Spreading Freedom: Public Diplomacy and Democracy-Building", Issues '98-The Candidate's Briefing Book 20, Heritage Foundation.

(27) Brett D. Schaefer, "The Keys to an African Economic Renaissence", 'Backgrounder' No. 1369, Heritage Foundation, May 10, 2000.

(28) Ariel Cohen, "Spreading Freedom: Building Democracy and Public Diplomacy", 'Issues 2000, The Candidate's Briefing Book 21', Heritage Foundation.

(29) A/52/PV. 5, p. 10.

(30) David J. Scheffer, U. S. Ambassador at Large for War Crimes Issues, "U. S. Policy and the Proposed Permanent International Criminal Court", Address before the Carter Center, Atlanta, Georgia, November 13, 1997, U. S. Department of State.

(31) Press Release L/ROM/7, 15 June, 1998.

(32) David J. Scheffer, America's Stake in Peace, Security, and Justice, Washington, DC, August 31, 1998, Department of State.

(33) "Is a U. N. International Criminal Court in the U. S. National Interest?", 'Hearing before the Subcommittee on International Operations of the Committee on Foreign Relations', United States Senate, One Hundred Fifth Congress, Second Session, July 23, 1998.

(34) Press Release L/ROM/22, 17 July, 1998.

(35) Patrick Fagan, "How U. N. Conventions on Women's and Children's Rights Undermine Family, Religion, and Sovereignty", Backgrounder No. 1407, The Heritage Foundation, February 5, 2001.

(36) Daily Press Briefing of State Department, Richard Boucher, Spokesman, May 7, 2001.

(37) "The UN Commission on Human Rights: a Review of its Mission, Operations, and Structure" Hearing before House Committee on International Relations, Subcommittee on International Operations and Human Rights, June 6, 2001.

(38) Michael Scardaville, "Gunning for Your Gun Rights", Heritage Foundation, July 11, 2001.

(39) Brett Schaefer, "The U. S. Should Return to Paying Its U. N. Assessment in Advance", Executive Memorandum No. 782, Heritage Foundation, Oct. 4, 2001.

(40) Brett Schaefer, The United States and the United Nations: What to Expect in the Future, Heritage Lectures No. 730, February 6, 2002.

(41) Brett Schaefer, How the United Nations Can Show Its Support for America's War Against Terrorism, Backgrounder, No. 1474, Heritage Foundation, Sep. 18, 2001.

(42) The President's State of the Union Address before a joint sesssion of Congress at the United States Capitol, Washington, D.C., Tuesday, Jan. 29, 2002.

(43) Remarks by the President at the 20th Anniversary of the National Endowment for Democracy, November 6, 2003.

(44) Nile Gardiner and Baker Spring, "Reform the United Nations", Backgrounder No. 1700, Heritage Foundation, October 27, 2003.

(45) Roger Scruton, "The United States, the United Nations, and the Future of the NationState", Heritage Lecture No. 794, June 27, 2003.

(46) Ana I. Eiras, "IMF and World Bank Intervention: A Problem, Not a Solution", Backgrounder No. 1689, Heritage Foundation, September 17, 2003.

エピローグ——日本外交の責任と可能性

九〇年代は国連が軍事化するばかりではなかった。これに対抗して、非軍事的な紛争解決を改めて提示しようとする動き、法的に軍縮を推進する動き、経済社会分野を強化する動きなどがさまざまに見られた。これは一九四〇年頃に形成された時代精神を問い直し、二一世紀に向けた新たな時代精神の確立を目指す意味を持った。これらの動きの中には独立していたものもあるが、冷戦後の世界の時代精神を問うという意味で相互に深く関連していたのである。具体的には、九二年にリオで地球環境会議が開催されて以降、九三年の世界人権会議、九四年の人口開発会議、九五年の社会開発サミットと第四回女性会議、九六年の第二回国連人間居住会議と続いた経済社会分野の大規模会議や、九三年に世界保健機関が、次いで九四年に国連総会が国際司法裁判所に核兵器の違法性について勧告的意見を求め、九六年に原則違法の意見が出されたこと、九七年の対人地雷全面禁止条約署名、九八年の国際刑事裁判所規程採択などはその一例だった。だからこそ米国はこれらに反発した。

## PKOの非軍事部門の強化

こうした動きはPKOにも及び、文民の役割やNGOとの連携を強化することが図られた。この背景には、八九年四月に活動を始めたナミビアの独立支援のためのPKOにおいて制憲議会を選出するための選挙の実施がその主要な任務となり、文民の役割が増大したこともあった。従来のPKOは軍事的活動が中心だったため、文民の役割は後方支援など限定的なものだった。しかしナミビア型PKOでは非軍事的活動こそが任務の中心となり、文民の重要性が飛躍的に増大し、しかも多くの人員が必要となった。行政官、選挙監視員、人権監視員、文民警官などの非軍事要員を、ナミビア全領域に展開する必要が生じたのである。また、和平合意を見るまで必要となる従来のPKOは駐留が長期化しがちだったが、和平合意の結果を実行するこのPKOは期限が一年に定められた。つまり、従来のPKOは、軍人を中心とする比較的小規模の部隊を、停戦地帯という限られた場所で、時には際限のない期間にわたって展開する必要があったが、ナミビアでは、文民が重要な役割を負う大規模な組織を、広い領域で、期限を定めて展開する、対照的なものとなったのである。

この結果、文民の確保が重要な論点になった。伝統的にPKOを支えてきた北欧諸国は、八九年三月二日付で国連に提出した文書においてすでに次のように述べていた。「今後のPKOは多くの文民組織を必要とする調停ミッション、調査専門家、監視団の活用の拡大を伴う、これまで以上に複雑なものになると予想される。そして緊張した環境における平和維持要員の行動は特に重要なものとなりうる。したがって、上級職員から文民要員、監視員および特に軍人まで、あらゆるレベルにおいて、平和維持要員の訓練を行う必要がある」[1]。九一年四月から五月に開催されたPKO特別委員会では、北欧諸国を代表してフィンランドが文民の利用強化を事務総長に要請する決議案を提出し、九二年三月にも文民の役割を強調した意見書を提出した。スウェーデンが代表となって提出したこの意見書は、文民の提供の準備を推進するよう「加盟各国に対し勧告する（recommend）」[2]と、この種の文書としては強い言葉を使っていた。外交のプロトコールや国連の慣例に習熟する北欧諸国の提出した文書だけに、明確な意志があらわれていた。

動きを示したのは加盟国だけではなかった。九三年九月、国連合同監査団はPKOの文民要員に関する監査報告を公表した。合同監査団は五年の任期の監査官一一名からなり、単独または複数で任意の国連機関に立ち入り調査を行い、その結果を行政長に報告する。国連本体の場合は事務総長に提出され、行財政について審議する総会に送付される。この報告で監査団は、「未だ十分注意が寄せられていないようだが、この多機能な（民生）部門の役割は重要性を増している。しかし特に国連機構内においては、この部門の役割の多様性、潜在的に危険な状況そして適切な人材を手放したがらないことから、資質を備えた人材を十分に見つけることは簡単ではない。例えば国連保護軍では、この部門の要員のうち国連機関からの人員はわずか二〇％であると聞かされた」[3]とし、文民活動の重要性とその複雑さ、そしてそれにも関わらず認識が不十分で、また人員の確保が難しいことを指摘している。そこで人員採用先として、「外部からの要員採用は加盟国からのみに限られてはおらず、NGOに携わっている者を含む関係する個人を直接採用することもできる」[4]とも述べた。これをふまえた勧告では、「加盟国は……待機要員（軍人に限定されない）を用意することを検討してもよい。ここには、文民、文民警官および主要要員が含まれる。加盟国は、国連の指揮下で国連を支援する要員をより多く確保することが望まれる。（勧告Ⅳ-c）」などの指摘が含まれた。適切な文民要員の不足と確保の難しさ、そしてその育成の必要性は明らかだった。

監査団は九五年にも「紛争予防のための国連機構の能力強化」と題する報告書を提出し、「NGOの活動は、人権の推進、開発援助、環境保護などだけではなく、平和過程のさまざまな段階、つまり早期警戒、平和創造、平和維持および平和創設も含んでいる」とし、「その努力が国際的な政策策定の一翼を担うようになっている」、「紛争予防におけるNGOの役割を強調しすぎることはない」と位置づけた。PKOに関しても「NGOの代表は特別監視、選挙、住民投票および監視・支援活動を援助してきた」、「従来の政治的、宗教的および文化的境界を超えゆく」NGOの能力を強調した上で、「国内紛争のさまざまな段階において、紛争に対処する際にNGOが不可欠のパートナー」であり、「紛争予防に関する国連の活動において、NGOの参加は不可欠」とした[5]。こうした評価自体は目新しいものではないが、監査団の報告として総会に提出された点で意味が大きかった。

これを執筆したのは久山純弘とドミニカ共和国のH・L・ヘルナンデスだった。久山は日本人初の監査官として九五年から九九年の任期でこの職にあったが、かねてより「在任中、国連の紛争予防機能の強化に力を入れてみたいと思っている」と述べていた[6]。

このような中でオーストリア政府は、八二年に設立されたNGO、「オーストリア平和紛争解決研究センター（ASPR）」と協力し、九二年後半から「国際平和維持・平和建設文民訓練計画」、つまり選挙監視や人道活動などに関する文民訓練コースの準備を開始、九三年九月から国連訓練調査研修所等と協力し三週間の文民の訓練コースを開設した。さらに九五年七月、オーストリア政府とASPRは「国連PKOのための文民の育成に関する国際会議」を開催し、過去二年間の経験を基に「文民平和維持員の育成」と題する具体的な訓練計画をまとめ、国連総会にこれを提出した[7]。この会議にはPKOの各領域に関わる国連職員も多数参加し、参加者二七名中一一名を占めた。

九二～九三年には安保理が一〇のPKOを設置し、五例の経済制裁を決めるなど、活発に活動していた。湾岸戦争を契機に蘇った時代精神の実行機関としての安保理が、時代精神の転換を象徴するPKOを旧来の時代精神に引き戻そうとしたと言える。北欧諸国などの動きは、軍事的な性格が蘇った国連を離れ、ただし国連事務局との密接な協力の下に、独自に進めたものと見ることもできた。かつて米国などが国連の活発な活動に対して非国連化を推進したことと逆の状況だった。

ASPRの報告には九五年の会議の審議概要報告が付随しているが、これは文民要員の現状について以下のように述べている。「現在、概算で一一〇〇人の文民要員がPKOに携わっており、活動中のPKOの要員の需要を満たすために、この会議の時点で約七％の人員の増加が必要」であり、質的にも「現在派遣されていながら必要な能力に達していない数多くの人員を、能力ある要員に置き換えることの希望」がある。しかし「PKOの文民要員の希望者は多いが、大多数は経験、教育または活動に必要な他の能力を備えておらず、有能な人材の需要は満たされないまま」である。そこで、オーストリアが九三年以来提供してきた「国際平和維持および平和建設訓練計画」と、アイルランドのリメリック大学、北アイルランドのアルスター大学、国連大学との共同研究の成果を基に、訓練のモデルとしてこの提案を行うとしている。さらにこの報告は、カナダ、イタリア、スペイン、スウェーデンなどでも同様の試みが進められていると伝えるが、アイルランドを含めここに挙げられた国の多くは、伝統的にPKOを支えてきた国である。

オーストリアは九一〜九二年に安保理理事国を務めたが、その任期は、湾岸戦争の開始によって始まり、ソマリアへの多国籍軍派遣決定により閉じられた。オーストリアは軍事的国連が蘇るのを目の当たりにしたのである。その中でオーストリアは国連としての独自性を確保しようとする立場をとったが(8)、この経験が任期終了後の文民問題への取り組みに繋がったことも考えられる。

オーストリアの試みの特徴は、「紛争地域の人々を含め、異なる文化的背景の参加者があることが望ましい」と述べていることによく現れている。これが望ましい理由は「長引く紛争は複数の文化が錯綜する環境にあることが多いが、参加者の間にこのような多様性があれば、このことに対する注意が深まり、要員育成の目的の一つ（異文化教育——河辺）を強化するのに役立つ」からとされている。また、「軍人および警官も参加すべきだが、非軍事部門の基幹訓練の間に限るべきだろう。このどちらかがコースに参加すれば現場の理解と協力の推進に役立つが、大規模な軍人や警官と文民の共同訓練が必要なのは、文民と軍人の活動がきわめて密接である技術・運輸部門などの現場の上級行政管理部門においてのみである」、「参加者には各国の政府職員やＮＧＯも含めるべきで、これにより現場のさまざまな機関との協力が容易になるだろう。すでに途上国や危険地帯での経験を持つＮＧＯ（開発援助、宗教、人権団体など）のメンバーは特に重要である。適切な訓練を受けたＮＧＯの要員は、紛争地域のＰＫＯとＮＧＯの間をつなぐことができるからである」とも述べている。ＮＧＯの役割を強調すること自体が軍事化するＰＫＯに対する牽制だったが、それと並行してＰＫＯ要員の中に多様性を求め、異文化理解の重要性を強調したことは、均質で自己完結的な軍隊が現実の紛争解決において十分な役割を担えるのかと疑問を発したことにもなった。

### ＰＫＯと選挙

一方、各国からの選挙援助の要請は急増する。一般に開発途上国では独裁的な政権が多く、民意が政府に十分には反映しないことが多いが、これには選挙を行うためのノウハウ、体制、資金、選挙執行機関への信頼性、住民の政治意識の育成などが不十分であることも見過ごせない。そのような中で国連の選挙援助は少なからぬ意味を持つ。九三年一一月一八日に出された報告によれば、「九二年一〇月一六日から九三年一〇月一五日までの間に二四カ国から二七の選挙援助要請を受けた」(9)。前年の報告はそれまでの国連の経験を解説するのみだったが、大きな変化だった。これに対応するため、九二年、事務総長は、選挙援助を担当する事務局の部局として選挙援助班を政治問題局に設置した。これには、カンボジアで地方選挙監督官として活躍した国連ボランティアが属し、各国に駐在員をおく国連開発計画や人権センターとの協力により活動を積み重ねた。そして九四年にはPKO局に移され、拡大されて選挙援助課となった。

PKOとの密接な関係の中で発達してきた国連の選挙援助活動だったが、PKOの軍事化と数の増大により関係が変化する。「大規模な監視団の要請が減少する一方、例えば技術援助や国際監視員の調整や支援の提供のような小規模でより経済的な形態の援助要請が増加している」ことから、選挙援助課がPKO局の下を離れ、九五年七月に政治問題局に戻ったのである。この結果、「選挙援助課の活動は、平和維持とは関係のない多数の小規模選挙援助に、一層焦点を当てる」こととなった(10)。ナミビアを契機にその任務を非軍事部門に拡大したPKO自体の変化でもあった。

この報告は、増大する任務に対して選挙援助課の能力が限界であることも訴えている。例えば、「加盟国の援助要請に応えることを最優先しなければならないために、選挙援助活動のための活動指針と技術ハンドブックの作成は遅れている」、「九五年にはわずかな時間しかこのような長期的計画に割くことができなかった。九六年にはこうした状況が改善されることを希望する」と述べていた。こうした資料の作成の遅れは、当然のことながら、情報の普及や選挙監視要員の訓練が妨げられることも意味する。またこの課の陣容とは直接は関係はないが、九二年、選挙監視信託基金が創設された。しかしこの基金への拠出国はオーストリア、カナダ、デンマークなど、PKOの確立に努力してきた国を中心に一三カ国に留まっていた。なお、九〇年に二件、九一年に五件だった選挙援助への要請は九二年には三三件に増加、内三〇件に援助を提供した。その後は、九三年に二三件（内一九件に援助提供、以下同じ）、九四年一八件（一四件）、九五年二二件（一七件）、九六年一八件（一一件）と、年間二〇件前後の要請を受けたが、応じる件数は減少した。[11]

ＰＫＯに尽力し、先の基金にも拠出した北欧諸国が、文民の役割の強化に言及する見解を出したのはこのような中でのことだった。その後スウェーデンを中心に、九五年二月、ストックホルムに「民主制および選挙援助に関する国際研究所（ＩＤＥＡ）」が設置された。ＩＤＥＡは、一〇月には国際選挙監視に関する円卓会議を国連事務局の選挙援助課と共催し、国連事務総長もこの設置を「熱烈に」歓迎し、「国連との実りある協力を期待する」とメッセージを寄せた。[12]その設立協定によれば、これは国際機関として設置され（第一条）、協定に加盟する国の政府と政府間機構をメンバーに、ＮＧＯを準メンバーにしている（第四条）。参加国はオーストラリア、バルバドス、ベルギー、チリ、コスタリカ、デンマーク、フィンランド、インド、オランダ、ノルウェー、ポルトガル、南アフリカ、スペイン、スウェーデンで、のちにボツワナ、カナダ、ナミビアが加盟した。国際ジャーナリスト連盟や地球的活動のための議会人（ＰＧＡ）などが準メンバーとなっている。

このような経緯からも分かるように、ＩＤＥＡは、国連の軍事化や国連における大国の発言力の増大を牽制する意味を持った。例えば、「（九八年一〇月の）コペンハーゲン会議では『自由で公正』な選挙の評価に関して議論された。この言葉を画一的に用いることは現実的ではなく、個々の国の個別の状況に基づいて評価する必要があることが合意された。しかし、最小限の基準の確立が必要であることにも反対はなかった」[13]と述べ、先進国から開発途上国に対する画一的な価値観の押しつけにならぬように注意を払いつつ、それが独裁政権の言い逃れにならぬような方向を探っている。妥協を拒み、武力行使を躊躇しない米国、特に保守派とは大きく異なる姿勢である。

## 国連におけるイニシアティヴ

九九年八月六日、スウェーデンはＩＤＥＡへの国連総会のオブザーバー資格付与を、総会の議題に組み入れるよう要請した。九月一五日の総会一般委員会で、スウェーデンは、ＩＤＥＡが総会オブザーバーの基準に合致しており、その活動が「世界規模で持続的民主制と選挙過程を推進することにおいて、国連と直接関係し、……いくつかのプロジェクトで国連と協力している」と、説明した。これに対してロシアは、「この研究所には何ら反対するものではなく、その活動は有益」としながら、ＮＧＯが関わっていることから「純粋な政府間機関ではない」ことを指摘し、「総会オブザーバー資格を得ようとする類似の政府間機関に拡散する危険性」を問題視した。キューバ、中国、イラク、アルジェリアも同様の理由から反対し、この問題の組み入れの可否は後日の審議に回された[14]。しかし〇三年には合意がなり、一二月九日に総会のオブザーバー資格を得た[15]。

総会オブザーバーは、国連未加盟国、パレスチナ、かつてのアフリカ民族会議などの民族解放運動、アフリカ統一機構などの地域機関、ＯＥＣＤなどのその他の国際機関などに加えて、国際赤十字・赤新月社連盟やマルタ騎士団のようなＮＧＯもなっている。しかし研究所（institute）という名称のオブザーバーはこれまでなかった。また、国連が直接創設に関わった機関ではないにも関わらず、創設五周年を待たずに総会オブザーバー資格を求めることも異例だった。これは、この研究所の中心であるスウェーデンの積極的な姿勢が反映したものだった。

選挙問題は、直接的には八八年に米国が提案した「定期的かつ公正な選挙の原則の有効性の強化」という名の決議に由来する。この年および八九年には無投票で採択されたが、九〇年には投票に持ち込まれ、賛成一二九、反対八、棄権九で採択された。反対はキューバや中国などだったが、キューバはこの一方で「国家主権およびその選挙過程における国内問題の不干渉原則の尊重」と題する対案を提出、賛成一一一、反対二九（日米）、棄権一一で採択された。翌年もこの二つの決議案が提出され、それぞれ一三四、四、一三と一〇二、四〇、一三で採択され、米国案が賛成を増やす一方、キューバ案は支持を減らした。ソ連崩壊により旧東側諸国と西側諸国が一体化したためだった。

米国案への反対はキューバ、北朝鮮、ケニア、ナミビアの四カ国だった（ナミビアは賛成するつもりだったと態度の修正をした）。湾岸危機・戦争が勃発した九〇〜九一年は、キューバが安保理理事国を務めており、速やかな軍事行動をねらう米国にことごとく反対していた。選挙問題が対立を呼んだのはそのような時期であり、最初に提起された八八年は米国では大統領選挙の年でもあった。これは政治的デモンストレーションだった面が強い問題だった。ＩＤＥＡの総会オブザーバーをめぐってキューバなどが示した躊躇には、このような経緯が反映したのかもしれない。見方を変えれば、北欧などは、そのようないわば生臭い問題を見事に換骨奪胎して推進したことになる。

この点で、これらの非軍事化の動きは、国連におけるイニシアティヴのあり方としても興味深い。これらの問題を主導したのは一部の先進国、NGO、一部の開発途上国、国連事務局などだったが、その多くは、国連を組織としても政治的にも熟知し、自らの目指す方向性には合致しない提案であってもそれを換骨奪胎するしたたかさとねばり強さも備えている。特に北欧諸国などは国際的にも国内的にも政治の透明性が高く、それゆえに各国からの信頼も高い。これらの点で、開発途上国が七〇年代に進めた革命とも言える激しい動きとは異なっていたと言える。

## 軍事化を推進する日本

一方、日本はこれらの動きに対して否定的な姿勢を貫いた。特に九一年に北欧諸国が文民強化を提案した際にはこれに難色を示し、内容を弱める修正を行っている。[16] 自衛隊の派遣を目論んでいた日本政府は、文民の役割が高まることを避けようとしたためと思われる。また九二〜九三年に日本は安保理理事国を務めるが、PKOや経済制裁に関するすべての決定に賛成した。[17]

その後もASPRに人員を派遣することはなく、またIDEAにも「同研究所が国際機関または政府機関でないこと等から、資金拠出が困難であったこと等の理由」[18] を掲げて積極的ではなかった。IDEAが国際機関ではないとするこの答弁は、質問主意書がIDEAを「政府間機関」として質問したことから出されたものと思われる。しかし、日本も批准している条約法に関するウィーン条約が「『国際機関』とは、政府間機関をいう」と規定しているように、政府間機関は国際機関を狭義に定義したものほかならない。言い訳にもならない無理な答弁だった。

二〇〇三年三月、日本はIDEAのオブザーバーとなった。[19] 外務省人権人道課によると、この背景には、スウェーデンが日本に熱心に働きかけ続けたことがあった。日本がオブザーバーとなった後の七月にもカレン・フォック事務局長が来日し、正式加盟を強く求めたことや、同研究所の日本人職員、中満泉の動きがあったことも大きかったと言う。しかし日本が正式加盟する可能性としては「時期尚早」と考えており、拠出金を捻出することが困難で「加盟は難しいというのが本音」だとも言う。[20] なお中満は八九年からアソシエート・エキスパートとして国連難民高等弁務官事務所の職員になり、九二年から正職員としてボスニアでPKOに関わり、国連改革、国際刑事裁判所規定の成立にも関与した経験を持っていた。政治を動かすには、政治に対する外からの適切なチェックとともにこのような内からの動きも欠かせないのである。

日本は軍縮問題でも同様の姿勢を発揮した。核兵器の違法性問題では、日本政府は核兵器を違法と言うことはなく、政府代表団の一員として広島と長崎の市長が証言した際にも、「日本政府の立場からは独立したもの」とわざわざ言い添えた。また、日本政府の推薦で国際司法裁判所判事を務めていた小田判事は核兵器を合法とした上で、一四人の裁判官の中でただ一人門前払いを主張した。[21] 「オタワ・プロセス」と呼ばれた対人地雷禁止の動きに対しても積極的に参加することはなく「注意深くフォロー」するにとどまり、[22] 米国などが事実上の拒否権を持つ軍縮会議での交渉を繰り返し主張した[23]。九七年九月一日に、禁止条約の署名を目指したオタワ会議が開会されたが、これへの参加表明も、米国が八月一八日に参加を表明したのを受けて八月二八日にようやくなされた状態だった。米国の参加が発表された際には、記者から「アメリカの今回の方針転換はわが国としては、寝耳に水であったのか、それともある程度は予想していたのか」との質問まで出された[24]。日本の消極的否定的な姿勢はオタワ会議開会後も続き、条約が採択された一八日には、「日本とロシアが全面的地雷禁止条約を批判する米国に加わった[25]」と報じられる有様だった。

その一方で政府が推進したのが、ＰＫＯ協力法、日米安保条約新ガイドライン、周辺事態法などだった。冷戦の終焉により時代精神の見直しが迫られ、だからこそ軍事化と非軍事化の動きがせめぎ合っていた九〇年代に、日本は、国の内外で非軍事化の動きを押さえつけつつ、いわば軍事化を推進したのである。こうした姿勢は、二〇〇一年にブッシュ政権の成立により拍車がかかった。国内的にはテロ特措法やイラク特措法などを成立させる一方、対外的にはブッシュ政権への支持を各国に働きかけたのである[26]。非軍事化を否定したブッシュ政権を支えた有力国の一つが日本だった。

ブッシュ政権が国連を無視して爆撃を始めたことを受けて、日本では国連改革を求める声が高まった。特に、それまで国連重視を掲げてきながら、与党としてブッシュ政権を支持した公明党がこの中心となった。爆撃が始められた二〇〇三年三月二〇日の衆院本会議では、幹事長の冬柴鐵三が、「今回の一連の安保理協議をめぐり、国連は必ずしもオールマイティー、万能ではないことを身につまされました。……国際平和と安全の維持について、より実効的な対応を行うべく、我が国がリーダーシップを発揮し、安全保障理事会の改革を具体化することが必要」と主張し、翌二一日の参院本会議では、同党の高野博師が「今般、安保理で新決議案の採択がなされなかったのは、拒否権の問題も含め、国連の制度上の問題があると思います。したがって、我が国がイニチアチブを取り、国連改革を推進すべきチャンス」と質した。米国を支持しなかった安保理を、米国の意向が通るような組織に改革することを訴えたのである。

当初、政府はこれに必ずしも積極的ではなかったが、七月二六日にイラク特措法を成立させ、自衛隊の派遣が具体化してから、つまり従来の憲法解釈を踏み越えるおそれのある措置をとることが決まってから動きが加速し、外相が八月二七日に「国連改革に関する有識者懇談会」を立ち上げることを発表した。これは二〇〇四年六月二八日に報告書を提出し、「非核保有国を常任理事国に加えて、国連の正統性を高める必要がある」[27]と述べた。特に九〇年以降、日本はむしろ軍事化を推進してきたにもかかわらず、日本を非軍事的な国、すなわち二〇世紀半ばの時代精神とは異なる理念を持つ国と位置づけることにより、その常任理事国化を正当化したのである。実はこうした説明は九三年に常任化問題が表面化して以来続いており、説明と現実の行動の間の矛盾が拡大している。本書のプロローグで、国民に示す外交理念と時代精神の間のアダプターとしての政府について言及したが、先進国においてこのことが最も露骨に表れているのが日本なのである。そしてこの矛盾が今なお成立しえていることは、日本外交が十分にチェックされていないことを端的に示している。

二〇〇四年の日本では、中東と北朝鮮の情勢についての報道が連日なされている。ともに二一世紀を迎えた現代世界が抱える重要かつ解決が難しい問題と言い得るが、この両者が同じ時期に人為的に生み出されたことが問題になることは少ない。

## 時代精神の矛盾をいかに問うか

英国が矛盾した約束を重ねた挙げ句に手に負えなくなったパレスチナ問題を国連総会の議題に上程することを提案したのは、四七年七月一九日だった。総会は、アラブ人の反対を無視して一一月二九日にはその分割を決議し、翌年五月一四日にはこの決議に基づいてイスラエルが建国を宣言した。一方、米国が朝鮮問題の総会議題上程を提案したのは四七年九月一七日、総会が選挙の実施を決めたのが一一月一四日、朝鮮人の反対を押し切って南半分のみでの選挙を強行したのが五月一〇日だった。パレスチナの分割と朝鮮半島の分断はほとんど時期を一にして進められたのである。妥協を排し、大国を中心とする軍事力により平和を維持するとする時代精神の実現が目指され、またそれが理念としての「アメリカ」と一体であることについても疑いが持たれない中でのことだった。

もちろん、問題それ自体として両者が直接の関連を持っているわけではない。しかしともに人為的に生み出された問題として、同時期に太平洋で進められた核実験などとともに、その背景にある時代精神の矛盾にもっと目が向けられても良いだろう。そしてしばしば日本では「普通の国」などの言葉で語られがちなこの時代精神は、一九四〇年頃に短期間で形成され、エコロジー、フェミニズム、多文化主義などのその後に獲得された新たな認識と敵対してきた、古いものであることも。

そして、本書の読者の多くを日本人が占めるとすれば、日本が、本来はこの時代精神とは相容れないはずの日本ナショナリズムを掲げながら、時代精神の一層の推進に向けて動いていること、それにもかかわらず日本人は必ずしもそのようには認識していないことに、注意しなければならない。時代精神を問い直すことは、特に九〇年代以降の日本を問い直すことにほかならないのである。例えば、先に国連におけるイニシアティヴについて触れたが、日本がこのような活動を行うことは期待できず、そこで挙げた特質、中でも政治の透明性は日本政治に欠けていることでもある。

見方を変えれば、日本外交が適切にチェックされれば、つまり日本において民主制が機能すれば、このようなイニシアティヴをとることが可能になる。世界第二の経済大国で、安保理当選回数世界最多の国が非軍事化の努力を妨害するのではなく推進するようになれば、その影響は極めて大きい。逆に日本が九〇年以降の姿勢を続ければ、先のような努力も意味を失いかねない。その点で、今、日本国民であることの責任は大きい。同時にそれは大きな可能性を持ったものでもある。

注

(1) A/AC. 121/36 p. 19.
(2) A/AC. 121/39/Rev. 1, p.16.
(3) JIU/REP/93/6, para. 17, A/48/421 として再発行。
(4) Ibid., para. 73.
(5) JIU/REP/95/13, A/50/853 として再発行。
(6) 吉田康彦編著『国際公務員入門』東洋経済新報社、一九九五年、一五一頁。

(7) A/50/437.

(8) 例えば、九二年一二月にブッシュ政権の主導によりソマリアへの多国籍軍派遣を決めた際には、事務総長の役割に言及している。S/PV. 3145, p. 32.

(9) A/48/580.

(10) A/50/736.

(11) A/51/1, Figure 21.

(12) International IDEA Newsletter No. 2, October 1995.

(13) International IDEA, Work in Progress, September 1999, para. 5.

(14) A/BUR/54/SR. 1, paras. 44-53.

(15) A/RES/58/83.

(16) 河辺『国連と日本』岩波新書、一九九四年、一三三頁。

(17) 九二年のソマリアへの多国籍軍派遣に際しては、日本は米国の主導を歓迎すると述べ、全面的に支持した。註(8)のオーストリアの発言と比較せよ。S/PV. 3145, p. 43.

(18) 「内閣衆質一四〇第三号」一九九七年二月一八日回答。

(19) Internationl IDAE Newsletter, June 2003.

(10) 二〇〇三年八月一四日、筆者の電話による問い合わせに対して。

(21) A/51/218.

(22) 報道官会見要旨(一九九七年八月二二日)。

(23) 日本政府は早くから「ジュネーヴ軍縮会議においてこの条約交渉を行うことが適当である」(外務省「報道官会見要旨(一九九七年二月二六日)」)と繰り返しており、一九九七年六月二四日付共同通信においてもこのことが伝えられていた。

(24) 報道官会見要旨(一九九七年八月二二日)。

(25) Reuter (By Tanya Pang), "Japan, Russia, Join U. S. Criticizing Mine Pact", September 18.

(26) 河辺「世界の不安定要因としての日本——イラク爆撃をめぐって——」、『現代思想』二〇〇三年六月号。
(27) 国連改革に関する有識者懇談会「二一世紀における国連の役割と強化策」、二〇〇四年六月二八日。

本書は新たに書き下ろしたものだが、『軍縮問題資料』などに発表してきた文章がもとになっている。私財をなげうって同誌を発刊してこられた故宇都宮徳馬氏、故人を引き継がれた宇都宮恭三氏並びに宇都宮軍縮研究室の方々に深く感謝する。また本書の脱稿は当初の予定から大幅に遅れてしまった。ご迷惑をかけた叢書の執筆者の方々および厳しい出版事情にもかかわらず本叢書の刊行を手がけてくださっている日本経済評論社には、感謝申し上げる。

## ヤ行



## ラ行



## ワ行

## ナ行



## ハ行



## マ行

# 索　引

［著者略歴］

河辺　一郎（かわべ・いちろう）

1960年生まれ．東京都立大学人文学部卒業．新聞資料センター主宰を経て，現在，愛知大学助教授．専門は国連問題と第2次世界大戦後の日本外交．

主な業績

『国連と日本』（岩波書店，1994年），『日本外交と外務省——問われなかった“聖域”——』（高文研，2002年），『現代の戦争』（共著，岩波書店，2002年），『平和学の現在』（共著，法律文化社，1999年）．

国際公共政策叢書　第20巻

国連政策

2004年7月26日　第1刷発行

定価（本体2000円＋税）

著　者　河　辺　一　郎

発行者　栗　原　哲　也

発行所　株式会社 日本経済評論社

〒101-0051 東京都千代田区神田神保町3-2

電話 03-3230-1661　FAX 03-3265-2993

振替 00130-3-157198

装丁・渡辺美知子　　印刷：文昇堂　製本：美行製本

落丁本・乱丁本はお取替えいたします　Printed in Japan

© Ichiro Kawabe, 2004

ISBN4-8188-1526-8

Ⓡ〈日本複写権センター委託出版物〉

本書の全部または一部を無断で複写複製（コピー）することは，著作権法上での例外を除き，禁じられています．本書からの複写を希望される場合は，日本複写権センター（03-3401-2382）にご連絡ください．

# 「国際公共政策叢書」刊行にあたって

9・11以後世界は混迷を増し、日本政治はなお戸惑い続けています。政局はあっても政策はなく、政策はあっても市民の顔が見えない。テクノクラートの官房政策学はあっても、世界とアジアに開かれた市民のそれはいまだ芽吹いていません。グローバル化の進展した世界で日本は、いまだ再生の契機をつかめず、バブル崩壊の瓦礫の中で衰退の途すら辿り続けているように見えます。いったい私たちは、グローバル化の波にどう対応し、日本再生の青写真を描くべきなのか。そしてあるべき公共政策はいかにつくられなくてはならないのか。この一連の問いに答えるため私たちは、個々の専門領域を越えて公共政策のあり方を議論し、それを日本再生の政策構想につなげたいと思います。

私たちの試みは、三つの意味で、新しい知の挑戦をねらいとしています。第一に、市民生活の各政策分野が抱える問題群に関して、あくまでグローバルな比較の視点に立ってとらえる、いわば国際的な視座を貫くこと。第二に、直面する諸問題群について、グローバルであれローカルであれ、持続可能な発展をどう実現し、内なる市民社会の強化につなげていくのか、いわば市民主義的な方途を明らかにしていくこと。第三に、各分野で濃淡の違いはあれ、それを二〇世紀型冷戦世界像の中ではなく、可能な限り脱覇権主義的な二一世紀型アジア共生の世界像の中に位置づけ直す、いわば脱近代の手法に依拠しようとしていることです。そしてそれら三つの視点のいずれをも、歴史の射程の中でとらえ直していきたいと思います。そうした意味を込めこの政策叢書の試みは、シビル・ソサエティとグローバル・ガバナンスをつくりながら、アジア共生の途を模索し、公共性復権への道筋を見出す試みだと約言できましょう。

本叢書は、政策関連学徒のスタンダード・テクストたることを企図し、広く実務家や官僚、NGO、ジャーナリストなどおよそ公共的なるものに関心を持つ市民各層の政策啓蒙書としての役割をも果たします。いま気鋭の第一線研究者とともに、グローバルな市民の目標に立って新しい政策知の地平を切り拓くべく、長肆の支援を得て叢書刊行に踏み切るゆえんです。

二〇〇三年三月

進藤榮一

# 国際公共政策叢書

［全20巻］

総編集：進藤榮一

| | |
|---|---|
| ❶公共政策への招待 | 進藤榮一編 |
| ②国際公共政策 | 進藤榮一著 |
| ③政治改革政策 | 住沢博紀著 |
| ④環境政策 | 植田和弘著 |
| ⑤エネルギー政策 | 長谷川公一著 |
| ⑥科学技術・情報政策 | 増田祐司著 |
| ❼通商産業政策 | 萩原伸次郎著 |
| ⑧金融政策 | 上川孝夫著 |
| ⑨中小企業政策 | 黒瀬直宏著 |
| ❿農業政策 | 豊田隆著 |
| ⑪労働政策 | 五十嵐仁著 |
| ⑫地域政策 | 岡田知弘著 |
| ⑬都市政策 | 竹内佐和子著 |
| ⑭福祉政策 | 宮本太郎著 |
| ⑮教育政策 | 苅谷剛彦著 |
| ⑯自治体政策 | 藪野祐三著 |
| ⑰外交政策 | 小林誠著 |
| ⑱安全保障政策 | 山本武彦著 |
| ⑲開発援助政策 | 平川均著 |
| ⓴国連政策 | 河辺一郎著 |

白抜き数字は既刊

四六判上製・各巻平均200頁，本体価格2000円

日本経済評論社